Michael Püngel, Hanna Fischer (Hg.)

MUSIC MESSAGE

Liedandachten
für Kinder und Jugendliche

buch+musik

Die Illustrationen aus diesem Buch können für nichtkommerzielle Zwecke von der Homepage www.ejw-buch.de (Downloadbereich) heruntergeladen werden.

Impressum

 Evangelisches
Jugendwerk in Württemberg

© 3. Auflage 2008 buch+musik, ejw-service gmbh Stuttgart

ISBN 978-3-86687-018-5

Druck:	freiburger graphische betriebe, Freiburg
Gestaltung:	buch+musik, Fred Peper
Illustrationen:	Sabine Mokinski, DBKN.DE Kommunikationsdesign

Inhaltsverzeichnis

Inhaltsverzeichnis	**3**
Vorwort	**7**
Andachten	**8**
Liedverzeichnis (alphabetisch)	**186**
Verzeichnis der Liederbücher	**190**
Herausgeber	**191**

Lied	**Liederbuch**			**Seite**

Advent – Weihnachten

Lied				Seite
Macht hoch die Tür	EG 1	LJ 12		8
Tragt in die Welt nun ein Licht	LJ 327			10
Das Licht einer Kerze	LJ 316			13
Freu dich Erd und Sternenzelt	EG 47			14
Vom Himmel hoch	EG 24	LJ 32		16
O du fröhliche	EG 44	LJ 45		18
Zumba, Zumba	JL 133	LJ 330		20
Stern über Bethlehem	EG 540	LJ 326		22

Passion – Ostern

Lied				Seite
Jesus zieht in Jerusalem ein	EG 314	LJ 173		24
Korn, das in die Erde	EG 98	LJ 74		26
Christ ist erstanden	EG 99	LJ 76		28
Der Herr ist auferstanden	EG 118	LJ 90		30
Gelobt sei Gott im höchsten Thron	EG 103	LJ 80		32

Morgen – Abend

Lied				Seite
All Morgen ist ganz frisch und neu	EG 440	LJ 249		36
Ein neuer Tag beginnt	JL 34	M1 15		38
Morgenlicht leuchtet	EG 455	LJ 226		40
Vom Aufgang der Sonne	EG 456	LJ 268	M1 22	42

Inhaltsverzeichnis

Lied	Liederbuch			Seite
Der Mond ist aufgegangen	EG 482	LJ 276	M1 187	44
Der Tag, mein Gott,				
ist nun vergangen	EG 266	LJ 153		46
Herr bleibe bei uns	EG 483	LJ 278	M1 76	48

Lob – Anbetung

Groß ist unser Gott	F1 31			50
Großer Gott, wir loben dich	EG 331	M2 199		52
Ich lobe meinen Gott	EG 272	LJ 160	M1 206	54
Leben aus der Quelle	F1 86			56
Ich singe dir mit Herz und Mund	EG 324	LJ 186		58
Lobe den Herren,				
den mächtigen König	EG 316	LJ 178		60
Lobe den Herrn meine Seele	F1 6			62
Lobet den Herren,				
alle, die ihn ehren	EG 447	LJ 258		64
Stille vor dir mein Vater	F2 97			66
Dein Wort (Thy word)	F2 115	M2 171		68

Dank – Bitte – Gebet

Sing mit mir ein Halleluja	JL 18			71
Dank sei dir, ja Dank sei dir	JL 4	M2 59		72
Danke für diesen guten Morgen	EG 334	LJ 193	M1 57	74
Hab Dank von Herzen, Herr	F1 54			76
In der Stille angekommen	F2 189	WW 60		78
Seid fröhlich in der Hoffnung	F1 131			80
Nun danket alle Gott	EG 321	LJ 182		82
Vergiss nicht zu danken				
dem ewigen Herrn	EG 608	LJ 618		84
Wenn die Last der Welt	EG 618	F2 167	M2 186	86
Unser Vater	JL 28	F2 191	M2 194	88

Segen – Schutz

Bewahre uns Gott	EG 171	LJ 117	M1 20	90
Lieber Gott, schick uns deine Engel	KG 115			92
Komm Herr segne uns	EG 170	LJ 116	M1 80	94
Der Herr segne dich	EG 563	LJ 362	M2 42	95
Geh unter der Gnade	EG 543	F1 254	M2 144	96
Friede mit euch	F1 252			98
Shalom, shalom, der Herr segne euch	F1 248			100
Mögen sich die Wege	WW 71			102
Viele kleine Leute	EG 662	LJ 620		104
Von guten Mächten	M1 144	EG 541/65		106

Angst – Vertrauen

Befiehl du deine Wege	EG 361	LJ 207		108
Du bist der Weg und die Wahrheit	EG 619	F1 160	M2 106	110
Ein Licht geht uns auf	EG 555	LJ 344		112
Halte zu mir, guter Gott	LJ 549	JL 35		114
Herr, das Licht deiner Liebe – Shine Jesus shine	F1 89			116
Jesus, zu dir kann ich so kommen, wie ich bin	F1 82			118
Jesu geh voran auf der Lebensbahn	EG 391	LJ 221		120
Kommt atmet auf	EG 639	FJ 173		122
Gott liebt diese Welt	EG 409	LJ 227		124
He´s got the whole world	JL 76	LJ 517	M1 188	126
Meinem Gott gehört die Welt	EG 408	LJ 226		129
Neue Schritte wagen	F1 202			130
Mein Gott ist spitze	JL 107			132
Vater ich komme jetzt zu dir	F1 90			134
Wo ein Mensch Vertrauen gibt	EG 638	LJ 651	M1 204	136

Abendmahl – Vergebung

Komm, sag es allen weiter	EG 225	LJ 142	M1 77	138
Wenn das Brot, das wir teilen	GK 81	WW 86		140
Wie ein Fest nach langer Trauer	EG 660	LJ 636	M2 180	142

Inhaltsverzeichnis

Lied	Liederbuch			Seite

Gemeinschaft – Freundschaft

Lied	Liederbuch			Seite
Ausgang und Eingang	EG 175	LJ 119	M1 186	144
Das wünsch ich sehr	GK 117	LJ 488		146
Gut, dass wir einander haben	F1 237			148
Wenn einer sagt ich mag dich du	JL 109	LJ 624		149
Sankt Martin	LJ 354			150
O komm du Geist der Wahrheit	EG 136	LJ 96		152
Wir sind hier zusammen in Jesu Namen	JL 33.12			154
Wo zwei oder drei in meinem Namen	EG 568	LJ 470		156

Schöpfung – Frieden

Lied	Liederbuch			Seite
Geh aus mein Herz	EG 503	LJ 294		158
Erd und Himmel sollen singen	EG 499	LJ 288		159
Gib uns Frieden jeden Tag	EG 425	LJ 236	M1 25	160
Gott gab uns Atem	EG 432	LJ 242	M1 180	162
Gott schuf die Sonne	JL 51			164
Herr, ich sehe deine Welt	F1 52	M1 203		166
Mit der Erde kannst du spielen	KG 138	M2 108		168
Wir haben Gottes Spuren festgestellt	EG 656	LJ 642	M1 66	169
Weißt du, wieviel Sternlein stehen?	EG 511	LJ 305		170

Segen – Geburtstag

Lied	Liederbuch			Seite
Gott, dein guter Segen	JL 15			172
Heut war ein schöner Tag	EG 672	LJ 556		174
Heute kann es regnen, stürmen	JL 147			176
Vergiss es nie / Du bist du	JL 122	F1 231	M2 9	178

Tod – Ewiges Leben

Lied	Liederbuch			Seite
Kommt der Tod ins Nachbarhaus	KG 82			180
Oh when the Saints	JL 79	M1 117		182
Swing low	M1 31			184

Vorwort

Liebe Mitarbeiterinnen,
liebe Mitarbeiter,

MusicMessage – das ist die Idee, Liedandachten für Kinder und Jugendliche zu schreiben, geeignet für verschiedene Gruppen:

- Kinder- und Jungschargruppen
- Jungbläsergruppen
- Kinderchöre
- ...

Mit religiösen Liedern als Grundlage nehmen die Andachten bewusst ein übergeordnetes Thema auf, das vertieft wird.

Die Andachten sprechen in die Lebenswirklichkeit von Kindern. Sie sind in der Regel so geschrieben, dass sie vorgelesen werden können. Methodische Anregungen bieten zusätzliche Impulse.

Wir wünschen uns, dass Gruppenleiterinnen und Gruppenleiter dieses Buch als Hilfe für ihre Arbeit entdecken und es gerne einsetzen.

Michael Püngel und Hanna Fischer

Macht hoch die Tür EG **1** LJ **12**

„Bitte draußen bleiben!!!" – wenn dieses Schild an der Kinderzimmertür hängt, ist entweder Krisenstimmung oder Adventszeit. Gut, dass es Türen gibt, die uns vor fremden Blicken, vor Fragen und Einmischung schützen. Die Tür sichert unseren persönlichen Raum. Hinter der Tür haben unsere Geheimnisse Platz. Können die Weihnachtsgeschenke entstehen. Hier können wir unseren Träumen nachhängen und weinen und lachen, ohne erklären zu müssen warum.

Methodischer Hinweis:
Die Tür zum eigenen Zimmer ist für Kinder und Jugendliche von größter Bedeutung. Das Recht auf Intimsphäre, auf Selbstbestimmung wird damit gesichert. Die Schilder „Bitte draußen bleiben!!!", „Bitte anklopfen!" und „Herzlich willkommen!" offenbaren die innere Verfassung. Mit Hilfe dieser (und weiterer) Schilder kann man die Andacht illustrieren.

Es kann aber auch vorkommen, dass wir die Existenz des Schildes „Bitte draußen bleiben!" längst vergessen haben und uns wundern, dass uns niemand besucht. Dann wird es Zeit, dass wir das Schild austauschen und „Herzlich willkommen!" an die Tür schreiben. Die Aufforderung „Bitte anklopfen!" ist auch dann selbstverständlich berechtigt.

„Macht hoch die Tür, die Tor macht weit ..." heißt es in dem bekannten Adventslied. Advent heißt übersetzt Ankunft. Im Advent geht es um die Ankunft Gottes in dieser Welt. Damals vor 2000 Jahren kam Gott als Mensch auf diese Erde in der Gestalt seines Sohnes Jesus Christus. Doch noch bevor Jesus geboren wurde, erlebte er verschlossene Türen. Daran erinnern viele Krippenspiele. Gott suchte eine Herberge und fand verschlossene Türen.

In der Adventszeit werden wir durch Geschichten und Lieder daran erinnert, dass Gott uns auch heute noch besuchen will. In der Ad-

Gebet:
Guter Gott, du
nimmst mich ernst. Du
kennst meine Gedanken und
meine Gefühle. Du klopfst dennoch an meine Tür. Du willst in
meinen Lebensraum kommen.
Danke. Gib mir den Mut,
dich herein zu lassen.
Amen.

ventszeit soll es um unsere Vorbereitung der Ankunft Gottes gehen. „Gott will bei uns wohnen ..." in Jesus will er in unseren ganz persön- lichen Raum kommen. Dabei bricht er nicht mit Gewalt bei uns ein. Er klopft an. Fragt, ob er bei uns eintreten darf. Er respektiert, dass wir die Schlüsselgewalt haben. Das wird auch bei der Herbergssuche in den Weihnachtsspielen verdeutlicht.

Der Liederdichter wirbt darum, dass wir unsere Tür weit aufmachen! Warum? – Weil er will, dass Jesus in unser Herz einzieht und wir einen Platz für ihn in unserem Leben haben. Wie geschieht das? Wo Jesus einen Lebensraum betritt, achtet er die Situation der Menschen. Er lacht uns nicht aus. Er sagt nicht: „Alles halb so schlimm!" oder „Stell dich nicht so an!" Er nimmt uns ernst mit unseren Verletzungen, unseren Zweifeln, unserer Traurigkeit und unserer Freude. Er macht uns nicht klein, sondern richtet uns auf. Wenn Jesus durch unsere Tür tritt, dann kommt kein Gewaltherrscher und kein Machtmensch, sondern einer, der uns in unserem Kummer tröstet und unsere Verletzungen heilt. „... ein Heiland aller Welt zugleich, der Heil und Leben mit sich bringt" heißt es im Lied.

Welches Schild hän- gen wir an unsere Tür? „Draußen bleiben!" oder „Herzlich willkommen!"?

Helmut Häußler,
Landesjugendreferent ejw

Tragt in die Welt nun ein Licht   LJ 327

Methodischer Hinweis 1:
eine oder mehrere Laternen mitbringen und die Andacht in ihrem Schein vortragen

Der Sturm tobt kräftig, der Wind pfeift ums Haus, der Regen prasselt ans Fenster, Blitz und Donner jagen einem Angst ein. Plötzlich geht auf einen Schlag das Licht aus – Stromausfall – irgendwo muss der Blitz eingeschlagen haben. Auch draußen ist es stockdunkel. Keine Straßenlaterne brennt mehr. Kein Licht in den anderen Häusern. Ziemlich hilflos stehe ich da. Wo ist die Taschenlampe? Wo liegen Kerzen und Streichhölzer? Vorsichtig taste ich mich im Dunkeln vorwärts und mache mich auf die Suche nach etwas, das ein wenig Licht spendet. Als ich dann Streichhölzer und Kerzen gefunden habe, wird es im Zimmer langsam wieder hell und ich kann mich einigermaßen orientieren.

Vielleicht habt ihr auch schon mal einen Stromausfall erlebt. Oder ihr kennt andere Situationen, wo es so richtig stockdunkel war. Bestimmt gab es da Augenblicke, wo einem die Angst in den Gliedern steckte (kurz erzählen lassen). Es gibt Augenblicke und Situationen, da wünscht man sich sehnlichst ein Licht – und wenn es nur so eine kleine Kerze oder eine Lampe ist wie hier – damit man wieder sehen kann, was um einen herum ist oder damit man eine Situation besser einschätzen kann.

Es gibt aber nicht nur äußerliche Dunkelheit, sondern auch im Innern eines Menschen kann es ganz dunkel sein. Da ist einer vielleicht enttäuscht, weil er eine schlechte Note in der Mathearbeit bekommen hat, obwohl er doch so viel gelernt hat. Ein anderer hat etwas Schlimmes angestellt und jetzt tut es ihm sehr Leid, weil er anderen Menschen Unrecht getan hat. Und es gibt auch Situationen, wo ein lieber Mensch schwer krank geworden oder vielleicht sogar gestorben ist. Das ist dann oft wie eine große Dunkelheit im Leben eines Menschen.

Wie gut, dass es einen gibt, der immer bei uns ist, der immer für uns da ist, der uns selbst in der größten Dunkelheit, in der größten Enttäuschung, im größten Schmerz nicht alleine lässt: Gott! Und dieser Gott hat seinen Sohn Jesus in die Welt geschickt, damit es im Dunkel der Menschen wieder hell werden kann. Deshalb feiern wir Weihnachten! Und überall, wo Jesus damals den Menschen begegnet ist, wurde es hell in ihrem Leben: weil Jesus ihnen liebevoll begegnet ist und sie so angenommen hat, wie sie waren, egal ob Reiche oder Arme, Intelligente oder nicht so Schlaue, Vorlaute oder Schüchterne. Er hat sie getröstet, begleitet, er hat ihnen geholfen und ihnen gezeigt, dass er sie gern hat.

Auch wenn wir Jesus heute nicht direkt vor Augen haben, ist er doch immer bei uns, an den hellen, schönen Tagen, und in den dunklen, schweren Situationen. Auch zu dir und zu mir sagt Jesus: „Ich bin dein Licht. Ich helfe dir. Ich bin immer bei dir!"

Jesus sagt von sich: „Ich bin das Licht der Welt!" Wir dürfen und sollen helfen, dieses Licht in die Welt zu tragen. Besonders zu den Menschen, in deren Leben es dunkel ist. Wir können ihnen zusagen, zusingen oder zuspielen, dass Jesus bei ihnen ist, für sie sorgt und sie unendlich lieb hat. Das, was wir erfahren und erlebt haben, sollen wir nicht für uns behalten, sondern es weitersagen und weitergeben, so wie die Hirten in der Weihnachtsgeschichte. Nachdem sie das Jesuskind gesehen hatten, gingen sie zurück zu ihren Schafherden. Unterwegs erzählten sie allen Menschen, die ihnen über den Weg liefen, von dieser wunderbaren Begegnung im Stall, von diesem Kind, das wie ein helles Licht in ihre Herzen strahlte.

Johannes Büchle,
Bezirksjugendreferent

Methodischer Hinweis 2:
Überlegt miteinander eine Aktion, bei der ihr Menschen in eurem Ort ein „Licht" bringen könnt.

Das Licht einer Kerze LJ 316

Vorbereitung: In der Mitte stehen vier brennende Kerzen. Die Geschichte von den vier Kerzen wird vorgelesen und parallel wird immer eine Kerze ausgeblasen. Ein Kind bekommt die Aufgabe, das Licht der Hoffnungskerze zum Entzünden der drei anderen Kerzen zu nehmen. Im Anschluss kann man jedem Kind eine Kerze schenken (kann kreativ gestaltet werden) sowie das Lied singen.

Geschichte: Vier Kerzen brannten am Adventskranz. So still, dass man hörte, wie die Kerzen zu reden begannen. Die erste Kerze seufzte: „Ich heiße Frieden. Mein Licht leuchtet, aber die Menschen halten keinen Frieden." Ihr Licht wurde immer kleiner und verlosch schließlich ganz. Die zweite Kerze flackerte und sagte: „Ich heiße Glauben. Aber ich bin überflüssig. Die Menschen wollen von Gott nichts wissen. Es hat keinen Sinn mehr, dass ich brenne." Ein Luftzug wehte durch den Raum und die zweite Kerze war aus. Leise und traurig meldete sich die dritte Kerze: „Ich heiße Liebe. Ich habe keine Kraft mehr zu brennen. Die Menschen stellen mich an die Seite. Sie sehen nur sich selbst und nicht die anderen, die sie lieb haben sollten." Mit einem letzten Aufflackern war auch dieses Licht ausgelöscht. Da kam ein Kind in das Zimmer. Es schaute die Kerzen an und sagte: „Aber, aber, ihr sollt doch brennen und nicht aus sein!" Seine Augen waren voll Traurigkeit. Da sagte die vierte Kerze: „Hab keine Angst! Solange ich brenne, können wir die anderen Kerzen wieder anzünden. Ich heiße Hoffnung." Mit einem Streichholz nahm das Kind Licht von dieser Kerze und zündete die anderen Lichter wieder an.

Beate Hofmann,
Landesjugendreferentin ejw

Gebet:
Guter Gott, du schenkst uns Hoffnung und neuen Mut. Wir wollen unser Licht leuchten lassen und anderen Menschen den hellen Schein der Adventszeit bringen. Amen.

Freu dich Erd und Sternenzelt   EG 47

Unser Lied wurde etwa 1520 in Böhmen geschrieben und ist nach dem ersten Weltkrieg wieder entdeckt worden, als man neu darüber nachdachte, was denn Weihnachten eigentlich bedeutet.

Was sehen wir vor uns, wenn wir an Weihnachten denken? Das Weihnachtszimmer, in das wir nach langem Warten endlich gerufen werden mit Christbaum und Geschenken – und die ganze Familie gehört dazu? Die erste Strophe unseres Liedes aber sagt: das ist viel zu klein gedacht! Weihnachten ist viel größer: die Wände unseres Weihnachtszimmers müssen sich dehnen, bis das ganze Weltall darin Platz hat. Außer unserer Familie feiert die ganze Erde, ja feiern sogar alle Sterne mit: „Erd und Sternenzelt" werden zur Mitfreude aufgerufen, denn sie sind mitbetroffen von der Geburt Jesu. Gott, der Schöpfer und Herr von allem, ist in seinem Sohn selbst gekommen und hat seinen Kosmos nicht sich selbst überlassen. Dies ist ein so herrliches Wunder, dass jede Zeile der Strophen gleich unterbrochen wird durch den Ausruf: „Halleluja!", auf deutsch: „Lobet Gott!" Der Refrain zeigt uns, was das mit uns zu tun hat, und wofür die Geschenke und der Weihnachtsbaum nur kleine Zeichen sind: Jesu Kommen ist für uns geschehen als Beweis für die unendlich große Liebe Gottes. Gott überlässt uns nicht unserem Schicksal. Wir brauchen nie zu verzweifeln und zu denken, Gott habe uns und die Welt vergessen und aufgegeben. Nein, er kümmert sich voller Fürsorge um uns und hat Jesus „für uns zum Heil erkoren" (das kommt von „küren", einem alten Wort für auswählen).
Gott hat seinen Sohn gewählt, um unser Leben und diese Welt heil zu machen. Er hat sich selbst auf den Weg gemacht, um alles, worunter wir leiden, zu besiegen.

Die Weihnachtsbotschaft der Engel an die Hirten: „Euch ist heute der Heiland geboren" gilt auch uns. Froh und dankbar dürfen wir singen: „Uns zum Heil erkoren ward er heut geboren!" Wir dürfen uns freuen, dass diese Welt sein Herrschaftsgebiet ist. Ihm wollen wir gehören und seinen Frieden und seine Liebe als Licht in diese Welt hineintragen.

Gebet:
Lieber himmlischer
Vater, wir freuen uns mit
deiner ganzen Schöpfung über
Jesu Geburt und dass du Wort
hältst. Mach du heil, was bei uns
nicht in Ordnung ist und hilf
uns, deine Liebe als Licht in
deine Welt zu tragen.
Amen.

Mit der zweiten Strophe sprengt das Lied unsere zeitlichen Vorstellungen von Weihnachten. Wir sollen nicht nur zurückdenken bis zum Stall von Bethlehem, sondern viel weiter zurück, bis zu König David und seinem Vater Isai (Jesse). Denn Gott hat König David versprochen, dass aus der Familie seines Vaters immer neue Könige kommen werden, bis hin zu einem endgültigen Befreier. Dieser sollte in Bethlehem, der Geburtsstadt Davids, geboren werden. Auch nachdem es keine Könige mehr in Israel gab und der Stammbaum, der die Familie Davids darstellte, nur noch ein Baumstumpf war, sollte ein Zweig daraus herauswachsen. Bei der Geburt Jesu sprießt dieser Retter nun als „schönste Rose" aus diesem Zweig hervor. Jesus ist die Liebe Gottes in Person.

Er geht seinen Weg zur Rettung der ganzen Menschheit bis zum Tod am Kreuz und zum Ostermorgen, bis zu seiner Heimkehr zum Vater (Himmelfahrt) und bis zu seinem Wiederkommen in Herrlichkeit. Darauf sollen wir nun wieder antworten: „Uns zum Heil erkoren ward er heut geboren". Auch wir dürfen mit seiner neuschaffenden Kraft in unserem Leben rechnen. Er hält Wort. Was er zusagt, das hält er. Was hat Gott uns versprochen? Tragen wir zusammen, was uns einfällt an Zusagen Gottes! Zum Beispiel sagt Jesus: „Ich bin bei euch alle Tage, bis zur Vollendung der Welt", „Kommt her zu mir alle, die ihr müde und belastet seid, ich will euch erquicken, (d. h. aufatmen lassen)", „In der Welt habt ihr Angst, aber seid getrost: Ich habe die Welt überwunden". Bei unserer Taufe hat uns Gott zugesagt: „Fürchte dich nicht, denn ich habe dich erlöst, ich habe dich bei deinem Namen gerufen, du bist mein." Und für die Zukunft verspricht er uns: „Siehe, ich mache alles neu." Darauf können wir uns verlassen. Wir dürfen Großes von ihm erwarten und zuversichtlich leben.

Dieter Eitel,
Pfarrer i. R., ehem. Leitender Referent des ejw

Vom Himmel hoch EG 24 LJ 32

Im Mittelalter wurde in der Kirche nur in lateinischer Sprache gesungen. Die Menschen im Gottesdienst konnten nicht verstehen, was gesungen wurde. Sie durften auch nicht mitsingen, das war nur Mönchen und Priestern erlaubt.

Martin Luther fand das nicht richtig. Er wollte, dass die Leute im Gottesdienst nicht nur zuschauen und zuhören, sondern auch mitmachen. Sie sollten Gott mit ihren Liedern loben können, nicht nur dem Chor zuhören. Aber was sollten sie singen? Es gab nur lateinische Lieder.

Methodischer Hinweis:
Martin Luther schrieb deutsche Kirchenlieder, damit die Menschen die Lieder verstehen und mitsingen können. Seine Sprache ist für Kinder heute schwer verständlich. Damit sie das Lied verstehen, müssen sie es erst Satz für Satz übersetzen. Dabei brauchen sie bei manchen Worten und Wendungen Hilfe.

Eines Tages geht Martin Luther durch Wittenberg. Als er vom Marktplatz Musik hört, wird er neugierig. Trotz der Kälte entschließt er sich, einen Abstecher zu machen. Spielleute in bunten Kostümen stehen auf dem Marktplatz. Sie singen ein fröhliches Lied, dazu schlagen sie Trommeln und Schellen, und einer spielt auf der Flöte. Um sie herum hat sich eine Menschenmenge angesammelt, zu der sich auch Martin Luther gesellt. Doch trotz der schönen Musik ist es ihm bald zu kalt. Er macht sich auf den Heimweg. Fast bis zu seiner Haustür kann er das Lied der Spielleute noch hören. Er summt die Melodie mit. Sie gefällt ihm. Als er die Haustür öffnet, kommt ihm eine Idee. Das wäre doch eine gute Melodie für ein neues Kirchenlied, das alle Menschen verstehen und mitsingen können. Diese fröhliche Melodie würde gut zu einem Kirchenlied passen. Und bald ist Weihnachten …

„Martin, was ist denn mit Dir los? Es wird kalt. Mach doch die Tür zu und komm rein. Was grübelst Du denn schon wieder?", Martin Luthers Frau Katharina ist aus der Küche gekommen und wundert sich, dass ihr Mann mitten in der Tür stehen geblieben ist. „Ich hatte nur eine Idee, eine gute Idee!", antwortet Martin Luther, „ich bin dann in meinem Arbeitszimmer." – „Was denn für eine Idee?", Katharina ist neugierig geworden. Doch Martin grinst sie nur an: „Das ist eine Weihnachtsüberraschung."

An Weihnachten ist die ganze Familie Luther versammelt. Katharina hat ein Festmahl auf den Tisch gebracht. Nachdem alle satt sind, ergreift Martin Luther das Wort: „Du hast uns mal wieder wunderbar verwöhnt, Käthe. Aber wir feiern heute ja auch ein großes Fest, weil Jesus zu uns auf die Erde gekommen ist. Ich habe auch etwas zu diesem Fest beizutragen." Martin Luther nimmt seine Laute. Es wird mucksmäuschenstill. Doch bald schon stimmen die anderen fröhlich in das neue Kirchenlied ein.

Mit seinem neuen Weihnachtslied wollte Martin Luther die Weihnachtsgeschichte so erzählen, dass alle sie verstehen und mitsingen können. Das ist aber fast 500 Jahre her, und heute kann man die altmodische Sprache nicht mehr so gut verstehen. Könnt Ihr mithelfen, dieses Lied in unsere heutige Sprache zu übersetzen?

Übersetzungsvorschlag:

1. Strophe: Ich komme aus dem Himmel und bringe euch gute Neuigkeiten. Es sind so viele Neuigkeiten, die ich euch erzählen und vorsingen will.

2. Strophe: Für euch ist heute ein Kind geboren. Die Mutter ist eine junge Frau, die Gott ausgesucht hat. Das Kind ist zart und fein, ihr sollt euch darüber freuen.

3. Strophe: Es ist der Herr Jesus Christus. Er ist unser Gott und will uns aus aller unserer Not führen. Er möchte unser Retter sein und alles von uns nehmen, was wir Böses getan haben.

6. Strophe: Lasst uns alle fröhlich sein und mit den Hirten zu dem Kind gehen. Damit wir sehen, was für ein wunderbares Geschenk uns Gott gemacht hat, seinen Sohn hat er uns gegeben.

Renate Schwarz, Jugendreferentin

O du fröhliche EG 44 LJ 45

Dieses Weihnachtslied versteht man erst richtig, wenn man seine Entstehung und seinen Verfasser kennt. Johannes Daniel Falk wurde 1768 in Danzig geboren. Die Familie mit 7 Kindern war arm, daher musste er schon mit 10 Jahren die Schule verlassen, um Geld zu verdienen. Da er aber besonders begabt war, bot die Stadt ihm den kostenlosen Besuch der Lateinschule an und half ihm, dass er an der Universität Halle Theologie studieren konnte. Dabei sagte man ihm: „Geh mit Gott! ... Wenn ein armes Kind an deine Tür klopft, dann vergiss nie, wie arm du selbst warst."

Johannes Falk zog nach Weimar, heiratete und wurde ein gefeierter Dichter. Inzwischen waren schwere Zeiten angebrochen. Napoleon hatte den Krieg mit Russland begonnen. 1813 besetzten fremde Truppen Weimar mit seinem ganzen Umland. Die Menschen flohen in die Wälder. Viele Häuser wurden ausgeraubt und abgebrannt. Dazu brach eine Seuche aus. Von den sechs Kindern der Familie Falk starben vier innerhalb weniger Wochen.

Unter dem Eindruck der erschütternden Ereignisse schrieb Johannes Falk: „Als ich merkte, wie hart Gott gegen mich sein musste, da bin ich barmherzig geworden." Tausende von Waisenkindern, die Heimat, Eltern und Geschwister verloren hatten, zogen bettelnd und stehlend durchs Land. Als zerlumpte Kinder auch an seine Tür kamen, nahm Johannes Falk sie bei sich auf. Er gründete den Verein der „Freunde in der Not". Er mietete ein leerstehendes Haus und nahm 100 Kinder auf. Er wollte sie in Liebe und im Glauben an Jesus erziehen. 1819 zogen sie in den „Lutherhof". Er baute für seine Kinder eine eigene Schule auf und bemühte sich um Arbeitsplätze für Lehrlinge. So gab Johannes Falk mehr als 500 Kindern, die vorher jede Hoffnung verloren hatten, eine Chance.

Er schrieb ein eigenes Liederbuch für seine Waisenkinder. Dort stand auch das Lied „O du fröhliche". Er dichtete es 1816 als ein „Dreifeiertagslied", für die Weihnachts-, Oster- und Pfingstzeit. Das ganze Kirchenjahr wollte er seinen Kindern als „fröhlich, selig und gnadenbringend" vor Augen stellen: Denn Gott schafft, trotz aller Not in der Welt und in unserem Leben, Grund zur Freude, dadurch dass er uns „selig macht" (= ans Ziel bringt) und seine Gnade (= herzliche Güte und Liebe) erfahren lässt.

Wie tut Gott das? – Das fasst Johannes Falk in zweimal drei Worten zusammen:

1.) **„Welt ging verloren":** er hatte fünf Kinder verloren, die Waisenkinder hatten alles verloren, auch wir kommen uns manchmal wie verloren vor. Kein Mensch scheint uns zu verstehen. Wer hilft uns?

2.) **„Christ ist geboren":** Gott hat uns nicht vergessen. Die Geburt Jesu ist Gottes Antwort auf unsere Not. Da ist der gute Hirte gekommen, der alles Verlorene in unendlicher Liebe sucht; der auch uns aufsucht und herausholt aus unserer Verlorenheit. Deshalb lautet der Schluss-Kehrvers: „Freue, freue dich, o Christenheit!"

Falks Mitarbeiter Heinrich Holzschuher dichtete zur Weihnachtsstrophe Falks noch zwei weitere Strophen, die uns das Wunder von Weihnachten und seine Bedeutung aufzeigen: „Christ ist erschienen, uns zu versühnen". Wenn wir uns von Gott entfernt haben und dabei in Sackgassen geraten und wenn wir denken: Gott mag uns nicht mehr, wir sind zu sehr schuldig geworden – dann dürfen wir das Kind in der Krippe anschauen, und daran denken, wie der erwachsene Jesus später gerade für solche Menschen da war, die sich vor Gott schuldig wussten. Wie er dann am Kreuz für uns starb, um uns allen zu zeigen, wie lieb Gott uns hat. Auf manchen Weihnachtsbildern können wir ein Kreuz entdecken. Wenn wir ihn bitten, verzeiht er uns, was uns belastet und hilft uns, mit anderen Menschen ins Reine zu kommen. Wir brauchen uns selbst nicht mehr zu hassen und auch nichts sonst auf der Welt.

Dieter Eitel, Pfarrer i. R.,
ehem. Leitender Referent des ejw

Gebet:
Lieber Vater im Himmel, hilf uns, dass wir dich mit unserem ganzen Leben loben und dass die Freude über Jesu Kommen in unserem Verhalten sichtbar wird.
Amen.

Zumba, Zumba JL 133 LJ 330

Material: Für jedes Kind einen Jesus-Wunschzettel mit dem Namen
des jeweiligen Kindes

Hattest du schon einmal dieses Schuwiduwidu-Gefühl? Dieses JA!
Weil etwas ganz Grandioses passiert ist, wie zum Beispiel die allererste Eins deines Lebens in Mathe oder Französisch, oder weil du es
endlich über diese vermaledeite Latte beim Hochsprung geschafft
hast, oder weil du etwas geschenkt bekommen hast, was du dir
schon so lange gewünscht hast.

Eines ist klar, die Hirten an der Krippe waren eindeutig Schuwiduwiduler. Die haben sich so was von wahnsinnig gefreut. Sie, gerade
sie, waren die ersten, die von der Geburt Jesu erfahren haben. Nicht
die Könige oder die ganz besonders Schlauen in den Synagogen –
nein sie, ganz normale Leute wie du und ich. Sie liefen zum Stall und
sahen dieses kleine neugeborene Baby in der Krippe liegen. Und sie
wussten ganz genau, dass dieses Kind für sie da ist. Sie wussten,
dass Jesus ihr Leben verändert. Zum ersten Mal in ihrem Leben waren sie die Very Important Persons. Gott hatte sie in die allererste
Reihe gesetzt. Was für ein Ding! Da bleibt einem doch gar nichts anderes übrig, als aus voller Kehle zu singen. Vermutlich war die „Stille
Nacht" gar nicht wirklich still, sondern eher ziemlich laut. Da sangen
die Engel im Himmel und ganz sicher auch die Hirten im Stall. Alles an diesem kleinen Ort in Israel war in dieser Nacht erfüllt von
unbeschreiblicher Freude. Wenn du schon in Italien oder Spanien im
Urlaub warst, dann weißt du, dass sich Südländer nicht gerade leise
freuen, sondern eben so richtig und laut und mit allem was sie haben.

Weihnachten ist unsere Geburtstagsparty für Jesus. Und zu jedem
wirklich guten Geburtstagsfest gehören neben dem leckeren Essen
und den fröhlichen Gästen vor allem auch die Geschenke. Klar! Bestimmt hast du auch schon einmal einen langen Wunschzettel an
das Christkind geschrieben. Und jedes Jahr warten wohl tolle Geschenke an Weihnachten auf dich. Aber was bekommt eigentlich

Jesus? Hast du dir schon überlegt, was du ihm dieses Jahr zu seinem Geburtstag schenken willst? Hast du dir schon mal überlegt, was auf Jesu Wunschzettel steht? Mach seinen Wunschzettel doch mal auf und lies genau nach.

Na, überrascht? Hat Jesus vielleicht vergessen seinen Wunsch drauf zu schreiben, oder was soll das? Da steht doch nur dein Name! Ja genau, nur dein Name. Du bist es, was Jesus will. Dein Herz will er geschenkt bekommen. Er möchte, dass du dein Leben mit ihm teilst. Er will dein Freund sein. Coole Sache denkst du jetzt vielleicht, aber wie soll das denn gehen? Jesus ist nun ja nicht gerade der Typ, der immer so leibhaftig neben einem steht, genau genommen sieht man ihn recht selten. Aber fühlen kannst du, dass er da ist. In der Bibel kannst du nachlesen, was er will, wie er gelebt hat, was er für ein Typ ist. Du kannst mit ihm reden. Ihm jederzeit und überall alles sagen. Alles was dich freut, alles was dich so richtig sauer macht und alles wovor du Angst hast. Du kannst ihm deine geheimsten Geheimnisse anvertrauen, ihm deine Wünsche sagen. Er hört dir zu und er hilft dir auch. Vielleicht nicht immer so wie du es dir vorstellst, aber er ist immer da für dich, vertrau nur darauf. Und du kannst dir Jesus zum Vorbild nehmen und versuchen die Dinge so zu tun, wie es Jesus getan hätte. Auch hier kann dir die Bibel helfen oder auch Menschen, die ihr Herz bereits an Jesus verschenkt haben.

Ich wünsch es Dir, dass Du dieses Weihnachten auch zum Schuwiduwiduler wirst, weil Jesus für Dich geboren ist und Du endlich das richtige Geschenk für ihn gefunden hast – Dein Herz.

Senta Hagmayer-Berner,
Jugendreferentin

Stern über Bethlehem

Wenn du nachts nach oben schaust in einen wolkenlosen Himmel, fernab von elektrischem Licht, dann siehst du eine Unzahl an Lichtpunkten. Weit mehr, als du zählen kannst. Es gibt sie in unterschiedlichen Größen und Farben; sie funkeln um die Wette. Manchmal siehst du sogar einen von ihnen über den Himmel rennen. Langweilig wird das Sterngucken nie.

Gegen den Superstern vor zweitausend Jahren kommen sie aber alle nicht an. Der hatte sogar drei sehr bedeutende Männer in den kleinen Ort gebracht, wo der lag, dessen Geburt der Superstern verkündete. Sie kamen aus dem Ausland, mussten mehrere Grenzen passieren, aber das hielt sie nicht von der Reise ab.

Wir feiern dieses Ereignis jedes Jahr an Weihnachten. Dann sind nicht nur die Kirchen, sondern auch viele Häuser festlich geschmückt. Im Fernsehen laufen Weihnachtsfilme, die aber komischerweise immer nur einen dicken Mann in rotem Mantel zeigen, der mit Rentieren über den Himmel fliegt und Kinder mit Geschenken versorgt. Meistens passiert ihm ein Missgeschick, und wir fiebern mit, bis alles wieder im Lot ist. Das ist recht lustig, doch es lenkt vom eigentlichen Ereignis ab. Es ist ja kein Zufall, dass der Superstern damals gestrahlt hat – immerhin hat Gott ein längst gegebenes Versprechen eingelöst. „Ich schicke euch jemanden, der euch aus dem Schlamassel holt!", so in etwa lautete dieses Versprechen.

Lange hat es gedauert, bis der versprochene Retter endlich kam. Und es war nicht irgend jemand. Wenn Gott seine Versprechen einlöst, dann volle Kanne! Er kam selbst als kleines, harmloses Baby, das wie alle anderen Neugeborenen völlig von seinen Eltern abhängig war. Der Superstern war schon nicht schlecht, auch die Engel und die Könige, die von weither angereist waren. Dennoch, etwas mehr Showeffekte hätten es sein dürfen! Es war ja nicht irgend einer, der die Welt besuchte. Sondern der, der sie gemacht hat mit allem Drum und Dran. Da muss doch ein Feuerwerk her, Fanfaren, die angesagtesten Bands ... drei Tage Dauerparty, Minimum!

Verdient hätte er es gehabt, aber Gott verzichtet darauf. Er steht nicht auf Knalleffekte, sondern auf die leisen Töne. Und das zu Recht! Das Laute, Bunte, die Shows hätte nur vom Eigentlichen abgelenkt und diejenigen, die zu den unteren Schichten gehörten, die „Under-dogs", abgeschreckt, so dass die sich nie in den Stall getraut hätten. So hören die Hirten als Erste die gute Nachricht. Gott wird für sie greifbar und begreifbar. Gott bekommt Gestalt, Gesicht. Das ist einmalig, so was hat man noch nicht gehört! Deshalb lädt dich das Lied „Stern über Bethlehem" dazu ein, dieses Wunder neu zu erleben. Weitab von allem Schnickschnack, der nur ablenkt. Nur das Wesentliche zählt: Gott macht sich auf, kommt aus der Verborgenheit hervor und lässt sich greifen. Zunächst von den Hirten und Weisen – danach aber auch von dir.

> **Gebet:**
> Hallo Gott, klasse, dass du dich zu uns aufgemacht hast. Du hättest es auch bequemer haben können. Doch weil du so sehr auf uns, deine Geschöpfe stehst, bist du als Mensch auf die Welt gekommen. Das ist der Wahnsinn und ich kann dir gar nicht oft genug „Danke" sagen.
> Amen.

Peter Brenner, Diakon und Hausmann

Jesus zieht in Jerusalem ein

EG **314**   LJ **173**

Simon ist furchtbar aufgeregt. Nur noch einmal schlafen. Und dann wird er an der Hand seines Fußballstars auf den Rasen hinauslaufen. Alle werden ihn sehen. Sogar das Fernsehen. Und seine Eltern natürlich.

Simon hatte richtig Glück. Unter Tausenden war er ausgelost worden, um Fußballjunge bei seinem Lieblingsverein zu sein. Und morgen ist es so weit. Immer wieder stellt sich Simon diesen Moment in Gedanken vor: Aufregung, Herzklopfen, in einer Reihe hintereinander stehen, seinem Star die Hand geben und dann losmarschieren. Hinaus in die Arena. Musik, Jubel, Gegröle, Begeisterung. Irgendwann schläft Simon ein und träumt von ... Na, wovon wohl?

Ähnlich ist es Benjamin in Jerusalem gegangen. Er war auch ganz aufgeregt. Mitten im Tag hatte es sich wie ein Lauffeuer herumgesprochen: „Jesus kommt! Jesus besucht uns! Er ist schon da!" Jeder beeilte sich, rannte raus auf die Straße, wollte der Erste sein. Auch Benjamin lief los und schnappte sich unterwegs noch ein paar Freunde. „Los, beeilt euch, sonst verpassen wir ihn noch." Wo war er denn? Es war gar nicht so einfach, sich durch die Menschenmassen einen Weg zu bahnen. Und noch ehe die Jungs sich nach vorne drängeln konnten, hörten sie plötzlich laute Rufe: „Hosianna, Hosianna, Hosianna in der Höh!" „Hilf uns, Jesus! Hilf uns doch!"

Endlich hatte Benjamin es geschafft. Fast ganz vorne fand er einen Stehplatz. Links und rechts von ihm riefen die Leute in Sprechchören: „Hosianna! Hilf uns, Jesus!" Und dann stimmte einer an: „Gott, du bist großartig! Wir loben dich. Gepriesen seist du!" Einige Leute zogen ihren Mantel aus und warfen ihn auf die staubige Straße – wie einen roten Teppich für Ehrengäste. Andere hatten einfach Palmenzweige abgerissen und wedelten wie mit Fahnen wild durch die Gegend. Unbeschreiblich die Stimmung.

Und dann entdeckte Benjamin ihn. Komisch. Jesus saß auf einem Esel, nicht auf einem tollen Pferd oder Kamel. Das wäre doch schicker für einen Ehrengast. Aber das tat dem Applaus keinen Abbruch. Ohrenbetäubendes Rufen. Immer lauter, immer ausgelassener schrien die Leute.

Und Benjamin stimmte mit ein. Der Funke sprang auf ihn über. Seine Eltern hatten ihm tolle Geschichten von Jesus erzählt. Schon lange wollte er ihn treffen. Jetzt war es soweit. Und er rief mit: „Jesus, herzlich willkommen! Hosianna! Hilf mir! Du bist klasse!" Es war ein super Gefühl. Und er hatte die Ahnung, dass Jesus ihn hörte.

So weit es möglich war, versuchte Benjamin mit Jesus mitzulaufen. Ein toller Mann war das. Der hatte was von Gott. Zumindest stellte Benjamin sich Gott so vor, wenn er Geschichten von ihm hörte.

Petra Müller,
Landesjugendreferentin
CVJM-Landesverband/ejw

Gebet:
Komm, Herr Jesus auch zu mir. Ich heiße dich herzlich willkommen in meinem Leben. Hilf mir. Amen.

Korn das in die Erde EG 98 LJ 74

Material: Einige Getreidehalme mitbringen

Methodischer Hinweis:

Mit den Kindern Getreidekörner in Blumentöpfe pflanzen. Ist dafür keine Zeit, können die Töpfe schon im Vorfeld bepflanzt werden. Wenn das Ergebnis schneller sichtbar sein soll, kann man Kressesamen nehmen. Die folgende Andacht wird bildhafter, wenn sich die Person, die die Andacht hält, als orientalische Frau/orientalischer Mann verkleidet.

Kinder, ihr könnt euch nicht vorstellen, was mir in den letzten Tagen passiert ist. Ich bin noch ganz durcheinander und versuche, zu verstehen, was geschehen ist. Am besten ich beginne von vorne, damit ihr begreift, was hier los war. Vor einigen Tagen haben wir eines unserer größten Feste im Jahr gefeiert – das Passahfest. Dieses Fest ist so wichtig, dass es mehrere Tage dauert. Natürlich haben wir unsere Vorbereitungen getroffen, für das Essen, die Musik und für Gäste und Familienmitglieder, die extra für das Passahfest in der Stadt waren. Ein guter Freund von uns ist auch nach Jerusalem gekommen. Er ist ein Wanderprediger und hat seine ganzen Jünger, die mit ihm durch unser Land ziehen, mitgebracht. Alles schien so schön, fast zu schön um wahr zu sein. Ein großes Fest, Besuch und unsere Hoffnung, dass Jesus vielleicht mit seinen Predigten sogar etwas gegen die Römer, die unser Land besetzt halten, erreichen könnte.

Doch dann kam alles anders. Nach dem Essen, beim Auftakt des Festes, wurde Jesus verhaftet. Seine Jünger waren so verängstigt, dass sie sich erst einmal versteckten und das Geschehen von weitem beobachteten. Keiner hielt offen zu ihm. Ich muss gestehen, dass auch ich Angst hatte vor den Soldaten, der römischen Regierung und den Priestern und Schriftgelehrten unseres Volkes. Alle waren plötzlich gegen Jesus.

Aber es kam noch schlimmer. Jesus wurde zum Tod verurteilt, weil er angeblich das Volk aufgewiegelt haben soll und den römischen

Kaiser nicht anerkennen wollte. So jemand ist natürlich brandgefährlich, es hätte ja einen Aufruhr in der Stadt geben können.

Letztendlich starb Jesus und wir mussten ihn begraben. Ein wohlhabender Mann stellte dafür sogar das Felsengrab zur Verfügung, das er für sich gekauft hatte. Als der große Fels vor den Eingang des Grabes gerollt wurde, war auch unsere ganze Festfreude und Hoffnung auf die Zukunft dahin. Jesus fehlte uns und das machte uns traurig. Wir wussten alle nicht wie es weiter gehen sollte. Seine Jünger machten sich teilweise auf den Weg in ihre Heimatorte und andere hielten sich noch versteckt.

Doch dann geschah das Unglaubliche. Einige Frauen und Jünger, die am dritten Morgen nach der Beerdigung am Grab waren, kamen mit einer Nachricht zurück, die kaum einer glauben konnte. Sie sagten, dass Jesus wieder lebt und dass sie ihn gesehen hatten. Auch mir kommt diese Neuigkeit vor wie ein Traum. Unsere ganze Hoffnung war weg und jetzt soll Jesus wieder leben? Das hatte noch keiner von uns gehört, dass jemand der tot war, wieder aufersteht. Einfach nicht zu fassen.

Ihr wundert euch vielleicht warum ich diese Getreidehalme mitgebracht habe, aber sie haben mir geholfen, das was geschehen ist, zu verstehen. An diesen verdorrten Halmen sind viele Körner zu sehen. Sie sind ganz hart und ausgetrocknet. Wenn man sie anschaut, kann man sich nicht vorstellen, dass daraus wieder etwas Frisches und Lebendiges entstehen könnte. Steckt man aber diese Körner in die Erde, hält die Körner feucht und stellt sie in die Sonne, so wachsen aus der Dunkelheit der Erde neue Getreidehalme. Diese tragen wieder unzählige neue Körner. So ähnlich stelle ich mir das mit der Geschichte von Jesus vor. Er war tot, aber letztendlich hat das Leben gesiegt. Und wisst ihr was – in Zukunft werde ich jedes Mal an diese Geschichte denken, wenn ich an einem Getreidefeld vorbeilaufe.

Hanna Fischer,
Bezirksjugendreferentin

Christ ist erstanden EG 99 LJ 76

Es war im Mittelalter, also vor über 600 Jahren. Die Menschen lebten sehr viel einfacher. Das Leben war für die meisten Menschen damit ausgefüllt, für die zu sorgen, die zur Familie gehörten. Dazu musste hart gearbeitet werden. Jeder Sonntag war willkommen, denn für diesen einen Tag konnte die Arbeit unterbrochen werden. Man traf sich im Gottesdienst. So war es vermutlich auch am Ostersonntag im Jahr 1248. Die Kirchen waren voll. Nicht nur in Deutschland, in ganz Europa. In diesem Gottesdienst wurde ein Lied gesungen, das für die Menschen zum Ohrwurm wurde. Ein Kirchenlied wurde zum Hit: „Christ ist erstanden". Aus tiefster Überzeugung standen die Menschen in überfüllten Kirchen und sangen die Botschaft von Ostern. Es war ein heiliger Moment. Das Lied verbreitete sich rasch und wurde in ganz Europa gesungen, es ist eines der ältesten Osterlieder, das wir kennen.

An Ostern steht das Leben im Mittelpunkt. An Ostern wird das Leben gefeiert. Nicht, weil Menschen das beschlossen haben, sondern weil Gott gehandelt hat. Die Bibel berichtet uns davon. Maria von Magdala und eine weitere Frau, die ebenfalls Maria hieß, gingen früh am Morgen mit einer Flasche Salböl zum Grab Jesu, um ihn zu salben wie es damals üblich war. Jesus lag in einem Grab, das nicht mit unseren Gräbern vergleichbar ist. Das Grab war eine kleine Höhle, in der mehrere Tote beerdigt werden konnten und anschließend wurde das Grab mit einem großen Stein, der vor die Öffnung gerollt wurde, verschlossen. Schon auf dem Weg unterhielten sich die beiden Frauen, ob sie den Stein vor dem Grab überhaupt zur Seite rollen können. Als sie am Grab ankamen, erschraken sie, weil das Grab geöffnet war. Das Fehlen des Leichnams konnten sie sich nicht erklären, war doch das Grab durch römische Soldaten bewacht worden. Ein Engel, ein Bote Gottes, spricht die Frauen in ihrer Angst und Ratlosigkeit an:

„Habt keine Angst. Ich weiß, ihr sucht Jesus, der gekreuzigt wurde. Jesus ist nicht hier. Gott hat ihn vom Tod auferweckt, wie er voraus gesagt hat. Kommt her und seht. Hier ist die Stelle, wo er gelegen hat. Und jetzt geht schnell zu seinen Jüngern. Sagt ihnen, Jesus wurde vom Tod auferweckt." (Matthäus 28,1–7)

Nacheinander hatten die Jüngerinnen und Jünger verschiedene Begegnungen mit dem auferstandenen Jesus. Seither gilt: Jesus lebt! Frohe Ostern!

Die Jüngerinnen und Jünger damals konnten das zunächst nur schwer glauben und wir können es auch nur schwer glauben. Weil unsere Erfahrung eine andere ist. Wir wissen, dass ein toter Mensch nicht mehr wiederkommt. Wie schmerzlich diese Erfahrung ist, haben manche vielleicht in der Familie oder im Freundes- und Bekanntenkreis erlebt. So stehen sich zwei Dinge gegenüber: Unsere Erfahrung, dass Menschen sterben. Ja, dass wir sterben. Und die Botschaft von Ostern. Jesus lebt. Wir sind eingeladen, dieser Osterbotschaft zu vertrauen. Mit seinem ganzen Leben bezeugt Jesus: „Ich bin die Auferstehung und das Leben. Wer an mich glaubt, der wird leben, auch wenn er stirbt." (Johannes 11,25)

Jürgen Kehrberger,
Fachlicher Leiter des ejw

Gebet:
Herr Jesus Christus, ich danke dir für deine Auferstehung. Du hast den Tod besiegt. Das ist etwas Einmaliges und Besonderes. Jesus, ich kann das nur schwer verstehen. Du lebst und ich darf auch leben. Danke. Wenn viele Fragen mir Mühe machen, dann schenke mir Menschen, die mir weiterhelfen.
Amen.

Ein altes Gebet aus einem Ostergottesdienst: Christus ist auferstanden von den Toten. Er hat den Tod durch den Tod überwunden. Und denen, die im Grabe sind, das Leben geschenkt. Christus ist auferstanden. Er ist wahrhaftig auferstanden. Halleluja.

Der Herr ist auferstanden EG 118 LJ 90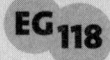

Eine Zeitung enthält viele Nachrichten – gute und schlechte, spannende Berichte und verlockende Anzeigen, Worte, Zahlen und Bilder. Doch eines haben diese Nachrichten gemeinsam: sie sind morgen schon von gestern. Und spätestens übermorgen wird eine Zeitung nicht mehr gelesen, sondern zum Altpapier geworfen. Im besten Falle taugt eine alte Zeitung noch zum Feuer anzünden, nasse Schuhe ausstopfen oder als Bastelunterlage.

Methodischer Hinweis 1:
Zeitung mitbringen und zu Beginn der Andacht zeigen. Nach dem ersten Absatz der Andacht Zeitung zerknüllen und auf den Boden werfen.

Nur wenige Nachrichten sind auch nach Jahren, Jahrzehnten oder Jahrhunderten noch aktuell. Und die allerwenigsten werden Geschichte.

Ganz anders ist es bei der Nachricht vom Ostermorgen. Die Schlagzeile der Osterbotschaft ist bis heute aktuell geblieben: Der Herr ist auferstanden! Zwei Engel überbrachten drei Frauen die unglaubliche Botschaft. Wie keine andere Nachricht hat sich diese Mitteilung ausgebreitet. Von den drei Frauen zu den Jüngern. Von den Jüngern zu den Menschen in Jerusalem und Umgebung. Über die ersten Apostel nach Europa und im Laufe der Zeit in alle Kontinente dieser Erde. In viele Sprachen. Mit unterschiedlichsten Medien. Zu unzähligen Menschen mit unterschiedlicher Herkunft und Heimat.

Von Christen in Russland kennen wir deren Ostergruß, der uns zum Mitmachen und Einstimmen einlädt. Der eine spricht dem anderen am Ostermorgen zu: „Der Herr ist auferstanden!" Und der andere antwortet: „Er ist wahrhaftig auferstanden!" Und so wiederholen sie bei jeder neuen Begegnung diesen Ostergruß. Zur Erinnerung. Als Zeugnis. Und in großer Osterfreude!

Egal, ob gesprochen oder zugesungen, ob zugeflüstert oder zugemailt. Egal, ob als Solo, mehrstimmig oder im Kanon. Egal, ob an

Ostern oder an jedem anderen Tag. Die Osterbotschaft bleibt aktuell: Der Herr ist auferstanden! Er ist wahrhaftig auferstanden!

Diese Osternachricht hat die Welt verändert wie keine andere Nachricht. Und sie bleibt auch morgen noch die Schlagzeile Nr. 1 der Weltgeschichte.

P.S.: Vielleicht steht deswegen von Jesu Auferstehung so wenig in der Zeitung!

Methodischer Hinweis 2:
Der Ostergruß der Christen in Russland kann reihum zugesprochen werden. Oder es kann dazu ermutigt werden, ihn an Ostern bei Begegnungen zuzusprechen, immer wieder, über die ganzen Ostertage.

Gebet:
Danke, dass du auferstanden bist. Wahrhaftig, wirklich auferstanden. Du hast den Tod überwunden und besiegt. Danke, dass du lebst und dass ich mit dir leben darf. Danke, Herr, vielen Dank!
Amen.

Andreas Lämmle,
Notar,
Mitglied Vorstand
CVJM-Landesausschuss

Gelobt sei Gott im höchsten Thron

EG 103   LJ 80

Ostern ist das älteste, wichtigste und fröhlichste Fest der Christenheit: „Christus ist auferstanden!", ruft man sich am Ostermorgen in der Ostkirche zu! „Er ist wahrhaftig auferstanden!", kommt die Antwort. Unser Osterlied „Gelobt sei Gott im höchsten Thron" besingt das JA Gottes zum Leben und das NEIN Gottes zum Tod! Ostern heißt dann „über den Tod lachen können" – in manchen Gemeinden hat sich dieses „Osterlachen" im Gottesdienst einen festen Platz erobert!

Auch der Karfreitag bleibt in unserem Bewusstsein; er ist die Kehrseite der Medaille. Es gab nicht nur zur Zeit Jesu das Kreuz, Folter, Gewalt und Ungerechtigkeit, Streit und Ärger. Wir kennen diese „Karfreitagserfahrungen" auch heute. Nur: sie tragen nicht den Sieg davon, sie werden durch die „Ostererfahrungen" überwunden. Auch heute gibt es Enttäuschung, Einsamkeit, Krankheit, Verbitterung. Nur: dies muss nicht so bleiben, weil wir Ostern kennen und „österlich" leben lernen können.

Eine kleine (gut erfundene) Geschichte soll dies verdeutlichen:

Ein König – ein Tyrann – hatte schon alles erlebt, was ein Mensch an Höhen und Tiefen erleben kann. Nur eines fehlte ihm noch: er wollte Gott schauen, um sich mit ihm vergleichen zu können. Seine Priester, seine Minister und Hochschullehrer meinten: dies sei nicht möglich! „Nicht möglich? Das gibt es bei mir nicht! Wofür bezahle ich euch! Hiermit befehle ich: Zeigt mir Gott innerhalb von 3 Tagen – oder ich lasse euch hinrichten! Ihr seid dann zu nichts mehr nütze!" Trauer und Wehklagen ergriff das ganze Volk, weil der Herrscher Menschen-Unmögliches verlangt hatte. Die Familien bangten um das Leben ihrer Ernährer, die Frauen um ihre Männer, die Kinder um ihre Väter! Die Menschen waren niedergeschlagen, mutlos, verzweifelt.

Der dritte Tag kam – die Bevölkerung wirkte wie gelähmt und schien ohnmächtig dem bösen Vorhaben des Tyrannen entgegenzuschauen. Da kam ein Hirte von seinen Schafen, die er über eine Woche begleitet hatte, zurück in die Stadt. Voller Entsetzen hörte er von dem schlimmen Vorhaben des Königs und sah, dass das Volk sich bereits dem Schicksal ergeben hatte. Doch mit Gottvertrauen machte er sich auf den Weg zum Palast, wissend um die Geistesgegenwart des wahren Königs, des unsichtbaren, allmächtigen und barmherzigen Gottes.

„Majestät!", sprach der Hirt, als er zur Audienz beim König vorgelassen wurde, „Gestatten Sie mir, dass ich Ihnen Gott zeige?"

„Natürlich! Aber wisse darum, dass Du sterben musst, wenn es Dir nicht gelingt!", antwortete der Tyrann.

„Sehr wohl, mein König! Darf ich Ihre Majestät bitten, sich die Sonne zu betrachten?"

Der König blickte in die Sonne – sofort fingen seine Augen an zu tränen. „Ha! Jetzt erkenne ich Deine schlimme Absicht: Du willst, dass ich erblinde!"

„Aber nein, mein König! Nur: wenn Deine Augen so schwach sind, dass sie nicht einmal den Glanz der Sonne aushalten, wie könnten Deine Augen der Herrlichkeit Gottes standhalten, welche tausendfach heller strahlt als die Sonne, die das Werk SEINER Hände ist? Du musst Dir andere Augen zulegen!"

Diese Antwort beeindruckte den König, während er sich die Tränen aus seinen Augen wischte:

„Du hast klug geantwortet! Kannst Du mir auch sagen, was VOR Gott kommt?"

„Gerne, Majestät! Bitte, fange an zu zählen!"

„... eins, zwei, drei ...!", begann der König.

„Halt, mein König! Was kommt vor „eins"?", rief der Hirt.

„Nichts!", antwortete der König.

„Sehr gut geantwortet!", erwiderte der Hirte, „VOR Gott gibt es auch nichts!"

Diese Antwort gefiel dem Herrscher ebenfalls – nachdenklich geworden sagte er:

„Wenn Du mir noch eine Frage beantworten kannst, will ich Dich reich belohnen! Sag mir: Was tut Gott?"

„Gestatten Sie, Majestät, dass wir die Plätze und die Kleider tauschen?"

Der König verließ den Thron, legte Krone und Zepter ab und zog die Kleider des Hirten an, während sich dieser den königlichen Mantel anlegte und mit Krone und Zepter den Thron bestieg.

„Das, mein König", sprach der Hirt, „macht Gott! ER steigt von SEINEM Thron, nimmt unsere schmutzigen Kleider und all das, was uns belastet und bedrückt. In SEINER Menschenfreundlichkeit, Güte und Barmherzigkeit beschenkt ER uns mit Würde und Ehre und hebt uns auf SEINEN Thron!"

Der König schloss seine Augen, er war innerlich bewegt und flüsterte leise: „Jetzt schaue ich IHN – gelobt sei GOTT im höchsten Thron ...!" Jubelnde Freude breitete sich im Volke aus und eine neue, beglückende Zeit brach an.

Heinz Brenner,
Pfarrer

All Morgen ist ganz frisch und neu

EG 440 **LJ 249**

Seit ein paar Jahren drücken sie gemeinsam die Schulbank. Sie waren unzertrennlich und hatten zusammen schon viel erlebt. Bis letzte Woche als Tim sich verplapperte. Die Eltern von Friedrich hatten sich gerade getrennt. Der Vater hatte am Abend seine Sachen gepackt und war ausgezogen. Schmerz wütete in Friedrich. Tim wunderte sich nicht, dass Friedrich an diesem Tag mit jedem Streit anfing. Erst legte er sich mit dem Lehrer an, dann mit seinen Mitschülern und das wegen Kleinigkeiten.

Methodischer Hinweis 1:
Steine liegen in der Mitte. Jeder bekommt eine Stofftasche oder einen Jutesack und legt für jeden ungeklärten Streit einen Stein in den Sack. Dieser Sack wird auf einer festgelegten Strecke getragen.

Als der Lehrer Tim auf dem Heimweg über den Weg lief und sich nach Friedrich erkundigte, überlegte er nicht lange. Schließlich würde der Lehrer Friedrich nicht mehr so hart ran nehmen, wenn er wüsste wie es bei Friedrich zu Hause aussieht. Der Lehrer bot Friedrich an, er könne jederzeit mit ihm über die Trennung seiner Eltern reden. Aber der war sauer, dass Tim mit dem Lehrer gesprochen hatte.

So endete die Freundschaft mit einer Schlägerei auf dem Schulhof. Zwei Lehrer mussten sie mit aller Kraft auseinanderreißen, sonst wäre Schlimmeres passiert ... Sie teilen sich immer noch die Schulbank, aber für beide ist es nicht mehr schön, sondern eine Qual. Sie sagen nicht mehr „Hallo" zueinander und anschauen können sie sich auch nicht mehr. Jeden Morgen, wenn Friedrich aufwacht und an die Schule denkt, hat er Bauchschmerzen. Tim geht es nicht anders. Dennoch: Friedrich hat mit der Schlägerei angefangen und das nur, weil Tim ihm helfen wollte. „Er soll sich doch zuerst entschuldigen." Tim sehnt sich nach der Zeit zurück als sie noch Freunde waren, aber laut aussprechen würde er das nie, und sowieso nicht vor Friedrich.

Wie es mit Tim und Friedrich weitergeht, das möchte ich eurer Phantasie überlassen. Jeder von uns ist mal Tim oder Friedrich gewesen oder kann es noch werden. Deswegen bleibt es euch überlassen, ob die Freundschaft der beiden endet oder weitergeht. Ob ihr nachtragend seid oder verzeihen und nachgeben könnt, davon hängt der Schluss der Geschichte ab. Nachtragend sein: das heißt, ich schleppe die ganze Zeit eine Last mit mir herum.

> **Methodischer Hinweis 2:**
> Spiele mit verbundenen Augen durchführen, damit der Wechsel zwischen Dunkelheit und Licht spürbar wird.

Warum sollen wir verzeihen:
1.) Um diese Last, die wir mit uns herumtragen, ablegen zu können.
2.) Weil uns immer wieder verziehen wird von Gott und von den Menschen mit denen wir zusammenleben (z. B. von unseren Eltern).

Wie uns Verzeihen mit Gottes Hilfe gelingen kann, das zeigt uns das Lied von Johannes Zwick: All Morgen ist ganz frisch und neu ... Die erste Strophe beinhaltet eine Zusage, ein Versprechen Gottes an uns, an dem es nichts zu rütteln gibt: So sicher, wie nach jeder Nacht (Dunkelheit) ein neuer Morgen (Licht) anbricht, so sicher ist jeden Tag neu Gottes Gnade und Treue. Das heißt einfach: Gottes Vergebung. So großzügig und gnädig wie Gott wollen wir sein. Deshalb bittet Johannes Zwick in der zweiten Strophe, Gott, den schönen Morgenstern, um Licht, um Erkenntnis, damit auch wir gnädig sein können.

Immer von Gott an der Hand gehalten sein, an ihn glauben unser Leben lang, das ist es, was Johannes Zwick uns am Ende dieses Liedes wünscht. Nicht nachtragend sein, wie Tim und Friedrich, sondern gnädig und verzeihen können, das soll euch gelingen.

Ute Grommes,
Bezirksjugendreferentin

> **Gebet:**
> Danke Gott, dass du immer wieder gnädig zu uns bist und trotz unserer Fehler treu zu uns stehst. Auch ich streite immer wieder mit meinen Freunden, mit meinen Eltern, ... Hilf mir zu verzeihen und nicht immer nur auf mein Recht zu pochen.
> Amen.

Ein neuer Tag beginnt JL 34 M1 15

Material: Tuch, Kreuz oder Kerze, Korb mit Steinen, Papierblumen, Wollfaden

Was ist der Unterschied zwischen Frühstück und Abendessen? Gut – das eine findet morgens, das andere abends statt. Morgens gibt's Marmelade und abends Senf und saure Gurken. Aber was ist noch anders? Bei Freizeiten, die ich erlebt habe, waren die Gespräche beim Abendessen lebhafter als die beim Frühstück. Abends gibt es allerhand zu erzählen, zum Lachen, sich ärgern, … aber morgens? Da sind alle noch müde und verträumt.

Hast du dich mal gefragt, was du Gott am Morgen eigentlich erzählen sollst? Der Tag hat gerade erst angefangen, vor ein paar Minuten hast du noch im weichen Bett gelegen und geschlafen. Es ist heute noch gar nichts Großartiges passiert.

Was will Gott eigentlich hören, was sollen wir ihm erzählen?

Wir müssen bei Gott keine großen Reden halten, er kennt uns ja und weiß wie schwer es uns manchmal fällt zu reden. Gott bietet uns an, dass er für uns da ist. Dass wir ganz ehrlich sein dürfen, dass er uns zuhört. Er freut sich, wenn wir mit ihm reden und mit ihm in den neuen Tag starten. Vielleicht nimmst du dir morgens einfach mal Zeit zu überlegen, was heute noch sein wird, auf was du dich freust, wovor du Angst hast und sagst das Gott. Vielleicht freust du dich über die Sonne. Darüber, dass Ferien sind. Oder du hast Angst vor der Mathearbeit oder dem Zahnarzt. Das kannst du Gott erzählen. Bei Gott ist alles gut aufgehoben. Er erzählt nichts weiter, er lacht uns nicht aus, er ist uns nicht böse und er ist auch nicht beleidigt. Nein, er hört zu, nimmt uns ernst und das Beste ist: Gott möchte bei uns sein und uns durch den Tag begleiten. Er lässt dich nicht alleine.

Vers 1+2 Dankrunde: auf ausgeschnittene Papierblumen darf jeder eine Sache schreiben, auf die er sich freut. Die Blumen werden dann auf das Tuch in der Mitte gelegt.

Vers 3 Bittrunde: Jedes Kind kann sich einen Stein aus dem Korb nehmen und ihn in die Mitte des Tuches zum Kreuz oder einer Kerze legen. Wer möchte kann auch noch dazu sagen, worum er heute bitten möchte.

Gebet:
Lieber Vater im Himmel, vielen Dank für diesen neuen Morgen. Danke, dass du uns in dieser Nacht bewahrt hast, dass wir Kraft schöpfen konnten für den neuen Tag. Du weißt, was heute alles auf uns wartet, worauf wir uns freuen und wovor wir Angst haben. Bitte sei du bei uns, behüte uns und schenk uns einen guten Tag. Amen.

Vers 4+5 Einen mutmachenden Bibelvers (z. B. Josua 1,9) vorlesen.

Vers 6+7 Jedes Kind bekommt ein Armband (z. B. ein Stück Wollfaden) als Erinnerung, dass Gott da ist und mitgeht.

Daniela Schuster,
Bezirksjugendreferentin

Morgenlicht leuchtet EG 455 LJ 266

„Morgenstund hat Gold im Mund!" Wer von euch morgens nach einem schnellen Frühstück zur Bushaltestelle hetzt, um pünktlich in die Schule zu kommen, der wird über dieses Sprichwort vermutlich den Kopf schütteln. Was soll schon golden an einem Morgen sein, an dem man aus dem Bett muss und nicht so lange schlafen kann, wie man gerne möchte?

Methodischer Hinweis:
Auf einer Freizeit oder auf einem Wochenende lässt sich dieses Lied, wenn es vom Wetter her möglich ist, nacherleben: Andacht (am besten drinnen! Mit Regieanweisungen!). Ins Freie, an einen schönen Ort in der nächsten Umgebung gehen (hier schon auf Stille achten!). 3–5 Minuten in Stille umhergehen oder sich in die Sonne stellen (Freiheit lassen, aber auf Stille achten!). Zusammenkommen und gemeinsam „Morgenlicht leuchtet" singen.

Ganz einfach: Man kann eine sehr besondere Erfahrung machen! Ein Lied in unserem Gesangbuch beschreibt sie:

[Jeweils die erste Hälfte aller drei Strophen lesen]

1.) Morgenlicht leuchtet, rein wie am Anfang. Frühlied der Amsel, Schöpferlob klingt.

2.) Sanft fallen Tropfen sonnendurchleuchtet. So lag auf erstem Gras erster Tau.

3.) Mein ist die Sonne, mein ist der Morgen, Glanz der zu mir aus Eden aufbricht.

Das Erwachen eines neuen Tages wird beschrieben. Die Sonne schiebt sich in den blauen Himmel. Die Luft ist erfüllt von Vogelgezwitscher. Das Gras noch feucht, schimmert im Sonnenlicht. Alles wird mit einem besonderen Glanz überzogen.

Wer das miterlebt, der spürt mit allen Sinnen Gottes Schöpfung. Man erkennt in diesem Moment die Handschrift Gottes. Es ist als würde Gott noch einmal sagen „Es werde Licht!" und du bist dabei mitten drin.

Jeder Tagesanbruch ist wie eine neue Schöpfung, ein Neuanfang und Neubeginn. Gott hat nicht den Lichtschalter angemacht und gesagt: „So jetzt lassen wir es brennen. Es soll einfach immer hell sein!" Nein, das Licht wandert um die Erde und nach jeder Nacht bricht es am Morgen immer wieder neu hervor. Es gibt nicht einen Sonnenaufgang – es gibt unendlich viele, immer und immer wieder. Sie erzählen von Gottes Schöpfung: so hat er die Welt gemacht! Zu keiner anderen Tageszeit wird einem das so deutlich vor Augen geführt wie am Morgen.

Wer das erlebt, dem geht das Herz auf und der kann nur noch „Danke!" sagen.

Bernd Wildermuth,
Landesschülerinnen- und
schülerpfarrer, ejw

Gebet:
Herr wir danken dir
für jeden neuen Morgen,
für das Licht, das Gras und die
Vögel. Es sind Zeichen deiner
Herrlichkeit. Danke, dass wir
sie sehen, hören, schmecken,
riechen und fühlen
können. Amen.

Vom Aufgang der Sonne

EG **456**   LJ **268**   M1 **22**

Material: Eventuell buntes Papier mitbringen, auf das die Kinder Dinge schreiben oder malen können, für die sie Gott loben wollen.

Methodischer Hinweis:
Die Kinder fragen, für was sie Gott heute loben würden. Gemeinsam die Rückmeldungen in ein Gebet fassen.

Achtung! – Lobender Christ unterwegs! Von morgens bis abends nichts anderes tun als Gott loben. Bisschen weltfremd, findest du nicht? Stell dir nur mal vor, du würdest mitten im Geschichtsunterricht laut „Halleluja, lobet den Herrn" rufen. Die ungeteilte Aufmerksamkeit deiner Klassenkameraden wäre dir sicher. Womöglich würde dein Lehrer dich fragen, ob alles in Ordnung ist.

Nun ja, dass wir nicht immer die Zeit oder den geeigneten Platz haben, um Gott von morgens bis abends lauthals zu loben ist das eine. Das andere aber ist doch, dass wir oft gar nicht genug Gründe finden, um Gott immerfort zu loben? Hand aufs Herz, bist du nicht auch manchmal sauer auf Gott? Denkst du nicht manchmal auch, warum hat Gott hier nichts getan? Wofür soll ich Gott denn loben, wenn er mein Gebet scheinbar gar nicht erhört hat? Soll ich Gott vielleicht ein Loblied singen, weil ich eine Klassenarbeit verhauen habe, obwohl ich dafür gebüffelt hab? Soll ich Gott dafür loben, dass ich krank zu Hause liege, während meine Mitschüler auf Ausflug fahren? Oder soll ich dankbar sein, wenn mich der Typ aus der Parallelklasse mal wieder dumm von der Seite angemacht hat? Nicht wirklich, oder?

Manchmal drücken dich deine Sorgen vielleicht so sehr, dass dir nicht nach loben zumute ist. Vielleicht hast du Bammel vor einer Klassenarbeit, oder du hast dich gerade mit deinem Freund, deiner Freundin gezofft und weißt nicht, wie ihr euch wieder vertragen könnt. Vielleicht hast du Angst vor dem Ärger mit deinen Eltern, weil du mal wieder zum Fußballspielen nach draußen gegangen bist, statt deine Hausaufgaben zu machen und dein Zimmer aufzuräumen.

An einem Tag passieren so viele Dinge, gute und schlechte, da kann man nicht immer nur voll des Lobes sein.

Der Liederdichter schrieb dieses Lied „Vom Aufgang der Sonne", als überall in Europa Krieg herrschte. Er hatte jeden Tag genug Erlebnisse, die ihn davon hätten abhalten können, Gott zu loben. Und trotzdem schreibt er, dass er Gott den lieben langen Tag loben will. Und er hat recht. Es gibt jeden Tag so viele Dinge in unserem Leben, für die wir Gott danken können. Wofür wir Gott loben können und zwar von morgens bis abends. Mach deine Augen weit auf, schau dich um und du wirst ganz viele Dinge entdecken, die dich freuen und für die du Gott loben kannst. Du kannst schon morgens anfangen und für die Sonnenstrahlen, die in dein Zimmer scheinen, danken, für die Frühstücksmarmelade, die du so magst, für die Freunde, die du auf dem Weg zur Schule triffst, für das Neue, das du in der Schule lernen kannst. Für deine Eltern und Geschwister, die zuhause auf dich warten, für die Zeit zum Spielen und Seele baumeln lassen, für deine Lieblingsklamotten, für das Bett, in das du dich abends kuscheln kannst. Wenn wir die Augen aufmachen, finden wir tausend Gründe, um Gott zu loben. Dann ist es auf einmal gar nicht mehr schwer, vom Aufgang der Sonne bis zu ihrem Niedergang zu singen.

Nimm dir doch mal die Zeit und schreib alles auf, wofür du Gott loben kannst. Ich glaube, es wird eine lange Liste. Und sollte dir dann doch in Geschichte mal ein Halleluja über die Lippen rutschen, ist das gar nicht so schlimm. Vielleicht stimmt dir der eine oder die andere in der Klasse sogar zu. Unter uns gesagt, Gott loben kann man ja nicht nur laut, sondern auch ganz leise durch das, was man tut oder in einem leisen „Gott sei Dank" oder mit einem dankbaren Lächeln. Wenn du deine Gedanken nicht nur um das kreisen lässt, was nicht so toll ist, sondern vor allem um das, was gut ist in deinem Leben, dann kommt auch bei dir Freude auf. Freude, die von ganz innen kommt. Probier's einfach mal aus!

Senta Hagmayer-Berner,
Jugendreferentin

Der Mond ist aufgegangen

EG 482   **LJ 276**   **M1 187**

[Strophen 1–3 gemeinsam singen]

Kleine Babys entdecken das Leben Stück für Stück. Sie lernen zu schauen, zu greifen, zu lachen. Irgendwann fangen sie an, sich auf den Bauch zu drehen, in die Hände zu klatschen oder es toll zu finden, dass Dinge auf den Boden fallen, wenn man sie loslässt. Vielleicht habt ihr das schon mal erlebt – bei Geschwistern oder anderen kleinen Kindern: Was für uns selbstverständlich ist, müssen Babys erst lernen. Irgendwann begreift ein Kind, dass ein Gegenstand noch „da" ist, auch wenn man ihn gerade nicht sieht. Der Ball, der hinter die Tür rollt, ist da – auch wenn ich ihn nicht mehr sehen kann. Das Kind checkt das irgendwann und wird um die Ecke krabbeln, um den Ball zu holen. Es ist toll, wie Kinder so immer mehr vom Leben verstehen. Man könnte auch sagen, wie sich der Verstand nach und nach ausbildet.

Das Lied „Der Mond ist aufgegangen" ist 1779 entstanden, im so genannten „Zeitalter der Aufklärung". Das war eine Zeit, in der die Sache mit dem Verstand ganz wichtig war. Das Motto dieser Zeit war: „Habe Mut, deinen eigenen Verstand zu gebrauchen!" Die Leute waren stolz darauf, dass sie immer mehr erforschen und immer mehr wissenschaftlich erklären konnten. Zum Beispiel war es eine neue Erkenntnis, dass die Erde eine riesige Kugel ist und keine Scheibe. Viele Jahrhunderte hat man sich die Welt anders vorgestellt, und mit den neuesten Ergebnissen aus Forschung und Wissenschaft ordnete sich alles ganz neu. Die Menschen waren irgendwann davon überzeugt, sie könnten früher oder später alles mit dem Verstand erklären. Sie dachten: „Was nicht wissenschaftlich erklärbar ist, gibt es auch nicht."

Matthias Claudius hat den Liedtext in dieser spannenden Zeit geschrieben. Viele waren damals überzeugt, dass es Gott nicht gibt – weil man sicher bald beweisen kann, wie die Erde entstanden ist usw. und man die Vorstellung von Gott nicht mehr braucht. „Seht ihr den Mond dort stehen? Er ist nur halb zu sehen und ist doch rund und schön. So sind wohl manche Sachen, die wir getrost belachen, weil unsre Augen sie nicht sehn." Damit packt Matthias Claudius die Leute seiner Zeit bei ihrem Ehrgeiz. Er sagt: „Ihr habt doch euren Verstand. Ihr wisst doch inzwischen, dass der Mond keine Scheibe ist, sondern ein kugelförmiger Himmelskörper, der eben von der Sonne mal so, mal so bescheint wird ... Da oben ist ein »ganzer« Mond, obwohl er »nur halb« zu sehen ist." Und dann spielt er darauf an, dass es nicht okay ist, „Sachen zu belachen", nur „weil unsre Augen sie nicht sehn". Die Tatsache, dass wir einen Gegenstand oder einen Menschen nicht sehen können, heißt noch lange nicht, dass es ihn nicht gibt. Das lernen schon die kleinen Babys.

Ich bin überzeugt, dass Gott auch für uns immer wieder sichtbar und erlebbar ist. Aber eben nicht immer. Doch er ist trotzdem da und ist Wirklichkeit! Und ich wünsche uns, dass wir ganz oft „Vollmond" erleben – also dass wir ein bisschen was davon verstehen, wer und wie Gott ist.

[Strophen 4+5+7 gemeinsam singen]

Hans-Joachim Eißler,
Landesreferent ejw,
POP-Kirchenmusiker

Der Tag, mein Gott, ist nun vergangen

EG 266   **LJ 153**

Wir sind mit unserem Posaunenchor auf dem Heimflug von Afrika. Der Bildschirm im Flugzeug zeigt, dass wir gerade über das Araratgebirge fliegen. Ich habe einen Fensterplatz und schaue auf die grandiose Landschaft mit der untergehenden Sonne. Unwillkürlich kommt mir der Liedtext in den Sinn: „Die Sonne, die uns sinkt, bringt drüben den Menschen überm Meer das Licht ..." Ich erinnere mich an die vielen Begegnungen und die neuen Freundschaften in den letzten Wochen. Ich denke an bestimmte Leute und an das Versprechen beim Abschied: wir wollen Freunde sein und füreinander beten. So falte ich die Hände und versuche das Lied still in mich hineinzusingen:

Der Tag mein Gott, ist nun vergangen und wird vom Dunkel überweht. Am Morgen hast du Lob empfangen, zu dir steigt unser Nachtgebet.

Die Erde rollt dem Tag entgegen; wir ruhen aus in dieser Nacht und danken dir, wenn wir uns legen, dass deine Kirche immer wacht.

Denn unermüdlich, wie der Schimmer des Morgens um die Erde geht, ist immer ein Gebet und immer ein Loblied wach, das vor dir steht.

Die Sonne, die uns sinkt, bringt drüben den Menschen überm Meer das Licht: und immer wird ein Mund sich üben, der Dank für deine Taten spricht.

So sei es, Herr: die Reiche fallen, dein Thron allein wird nicht zerstört; dein Reich besteht und wächst, bis allen dein großer, neuer Tag gehört.

Es ist ein beruhigender Gedanke, dass Gott uns Ruhe und Schlaf schenkt und zur gleichen Zeit die Brüder und Schwestern „drüben überm Meer" für uns beten und umgekehrt. Ich weiß auch, dass Gott uns beobachtet und lächelnd anschaut, wenn wir schlafen, wie eine Mutter ihr Kind. Und gleichzeitig strahlt er und freut sich, weil er die Loblieder und Gebete seiner Kinder hört, die von der anderen Seite des Erdballs zu ihm dringen. So lässt Gott jeden Tag die Sonne neu aufgehen, auch wenn wir sie nicht sehen und weckt damit die Freude, dass am Ende aller Tage für alle Menschen dieser Welt sein großer neuer Tag anbrechen wird, an dem alle gleichzeitig ohne Aufhören Loblieder singen werden.

Wilfried Gollmer,
Geschäftsführer Druckerei,
Bezirksposaunenwart

Gebet:
Lieber himmlischer Vater,
ich danke dir für meine Freunde
und die vielen kleinen Spuren der
Freude, die du uns jeden Tag schenkst.
Ich danke dir auch für die Begegnungen mit
fremden Menschen, mit denen du uns zeigst,
dass alle Menschen deine Geschöpfe sind.
Danke für die Lieder und die Musik, die uns
über Länder und Meere hinweg verbindet.
Lass uns alle gemeinsam, wenn dein
großer Tag kommt, das große Loblied
für deine Taten anstimmen.
Amen.

Herr bleibe bei uns

Alleine sein ist nicht schön. Aber es kommt vor. Es kann sein, dass du mal niemanden hast, der mit dir spielen will. Vielleicht hast du auch das Gefühl, dass deine Eltern keine Zeit für dich haben. Vielleicht lebst du auch nur bei Mama oder Papa und der andere Elternteil fehlt dir. Möglicherweise hast du Angst abends allein in deinem Zimmer zu sein, im Bett zu liegen und einschlafen zu müssen. Es gibt bestimmt noch viele andere Beispiele, die dir einfallen, wo alleine sein nicht schön ist.

So war das auch bei Timo. Timo ist neun Jahre alt und lebt mit seinen Eltern in einer gemütlichen Wohnung am Stadtrand, nahe am Wald. Geschwister hat er keine. Deshalb ist Timo froh, dass er sich oft mit Paul treffen kann. Paul ist sein bester Freund. Mit ihm zusammen ist es nie langweilig. Sie spielen am liebsten Fußball oder gehen im Wald auf Entdeckungstour. Es vergeht kein Tag, an dem die beiden sich nicht treffen. Nur abends ist jeder von ihnen alleine zu Hause bei seinen Eltern. Und wenn Tim dann im Bett liegt, hat er manchmal ein wenig Angst. Er kann nicht einmal sagen wovor. Zum einen fürchtet er sich vor dem dunklen Wald und dem Rauschen der Bäume im Wind. Zum anderen hat er Angst vor Schlangen und träumt manchmal ganz schrecklich, dass er von einer Schlange gebissen wird.

Eines Nachts hatte er mal wieder so einen blöden Traum. Er schreckte hoch, weil er geträumt hatte, dass ihn gerade eine Schlange in seinen Po beißt. Das klingt zwar lustig, aber Timo fand das gar nicht komisch, sondern schrie laut und wachte an seinem eigenen Schrei auf. Er war schweißgebadet und seine Mama kam auch gleich zu ihm. Der erzählte er alles und dass er manchmal auch beim Einschlafen Angst hat.

Seine Mutter erzählte ihm, dass die Jünger Jesu damals auch Angst hatten, nachdem Jesus sie verlassen hatte und erst wieder mutig wurden, als Jesus ihnen nach seiner Auferstehung begegnet war und ihnen versprochen hatte, immer für sie da zu sein, auch wenn sie ihn nicht sehen konnten. Damals hätten die Jünger Jesus gebeten mit ihnen ins Haus zu kommen, weil es nach dem langen Fußmarsch von Jerusalem nach Emmaus schon spät war und dunkel wurde. Sie sagten damals zu Jesus: „Herr, bleibe bei uns, denn es will Abend werden und der Tag hat sich geneigt." Jesus blieb den Abend bei den Jüngern und versprach immer bei ihnen zu sein.

Das Lied soll uns daran erinnern und könnte ein Kurzgebet sein, das du beten kannst, wenn du alleine bist und merkst, dass du ängstlich wirst. Dann ist Jesus ganz nah bei dir, passt auf dich auf und schützt dich. Probier's doch gleich heute Abend aus. Es klappt: „Herr, bleibe bei mir, denn es will Abend werden."

Michael Püngel,
Landesjugendreferent ejw

Groß ist unser Gott   **F1** **31**

Endlich war es soweit. Er löste sein Versprechen ein. Eine Wanderung im Schwarzwald mit Übernachtung unter freiem Himmel. Felix hatte sich lange darauf gefreut. Er hatte noch nie draußen übernachtet. Langsam wurde es dunkel. „Es ist Zeit unser Lager aufzuschlagen, Großer", rief der Vater. Felix lächelte, er hatte es gern, wenn sein Vater zu ihm „Großer" sagte, denn eigentlich fühlte er sich noch klein mit seinen neun Jahren.

„Das müsste der Lagerplatz sein, den der Bauer beschrieben hatte. Schau dort drüben die Waldlichtung mit der Schutzhütte." Es war auch Zeit, Felix taten nach den vielen Stunden schon die Füße weh. Endlich erreichten sie die Waldlichtung. „Ich sammle kurz Holz, richtest du unseren Schlafplatz, Felix?" „Mach ich", erwiderte Felix.
Beim Schlafsackausrollen fiel Felix auf, dass in die Holzwand der Schutzhütte viele Wörter geschnitzt waren. Plötzlich blieb er an einem Satz hängen. „Willst du wissen, wie groß unser Gott ist? Schau nach oben, dann weißt du es."
Er schaute verdutzt nach oben. Aber er sah nichts. Nichts als den Himmel, der immer dunkler wurde. „Schau mal", rief Felix seinem Vater entgegen und deutete auf den Satz. Sein Vater blickte nach oben und schmunzelnd sagte er: „Warte ab, du wirst es bald sehen." „Was er wohl damit meinte?", dachte Felix bei sich.

Die Glut des Lagerfeuers war dunkelrot und die beiden Wanderer satt. Felix lehnte hundemüde an seinem Vater. Der unterbrach plötzlich die Stille: „Hey Felix, bevor du wegknackst, kannst du dich noch an die Frage erinnern?" Felix riss seinen Kopf hoch und blickte nach oben. Er hatte die Frage während dem Essen und dem Rückblick auf die Wanderung wieder vergessen. Aber jetzt erinnerte er sich sofort an die Schnitzerei.
Seine Augen wurden groß. Dunkel lag der Himmel über ihnen. Aber nur im ersten Augenblick. Zuerst waren nur ein paar, dann immer mehr der hellen Punkte zu sehen. Je länger Felix nach oben blickte, desto mehr Sterne entdeckte er. Ein weites Sternenmeer öffnete sich über den beiden Wanderern.

Gebet:
Unser Vater, du bist groß. Viel größer als wir verstehen können. Zeige uns deine Größe in unserer kleinen Welt. Lass uns staunend deine Schöpfung entdecken.
Amen.

Es dauerte eine ganze Weile, bis Felix seinen Kopf wieder senkte. Zum ersten Mal in seinem Leben sah er den Himmel so bei Nacht. In der Stadt, wo sie wohnten, war der Himmel sogar nachts ziemlich erhellt. „Wow, Papi, das ist ja unendlich groß. So groß ist unser Gott?" Sein Vater nahm ihn in seinen Arm und flüsterte ihm zu: „So groß und noch viel größer!" Staunend blickte Felix auf und suchte nach weiteren Himmelslichtern. Kurze Zeit später fielen ihm die Augen zu und er schlief ein.

„Hebet eure Augen in die Höhe und seht! Wer hat dies geschaffen?" (Jesaja 40,26)

Henrik Struve,
Landesjugendreferent ejw

Großer Gott, wir loben dich   EG 331   M2 199

Methodischer Hinweis 1:
Zum Einstieg ein kleines Quiz: den Kindern mehrere bekannte Lieder vorlegen (u. a. „Großer Gott, wir loben dich") und sie raten lassen, welches das älteste Lied ist (im Gesangbuch stehen die Jahreszahlen).

Das Lied „Großer Gott, wir loben dich" ist eines der ganz alten Lieder in unserem Gesangbuch. Die ursprüngliche Form dieses Liedes ist schon über 1600 Jahre alt. Sie war lateinisch und hieß „Te deum laudamus". 1768 hat Ignaz Franz dieses uralte Lied auf deutsch nachgedichtet, und es hat auch eine neue Melodie bekommen. Damals war das lateinische „Te deum laudamus" schon sehr alt und berühmt. Es gibt eine Legende, die erzählt, wie es entstanden ist:

Als die Kirche noch ganz jung war, war Ambrosius Bischoff in Mailand. Er bemühte sich darum, dass immer mehr Menschen von Jesus hören und sich taufen ließen. Es war damals noch nicht üblich, dass die Menschen schon als Kinder getauft wurden. Wenn sie als Jugendliche oder Erwachsene von Jesus hörten und auch zur Kirche dazugehören wollten, ließen sie sich an Ostern taufen.

An Ostern im Jahr 387 n. Chr. gab es in Mailand viele Menschen, die sich taufen lassen wollten. Bischoff Ambrosius freute sich, als er sah, wie die Männer und Frauen in weißen Gewändern in die Kirche einzogen. Einer dieser Männer war Augustinus. Über ihn freute sich der Bischoff besonders. Er kannte Augustinus Mutter Monika, die ihrem Sohn schon als Kind von Jesus erzählt hatte. Ambrosius wusste, wie Monika gelitten hatte, weil Augustinus nicht an Jesus glauben konnte. Eine Zeit lang war Augustinus sogar zu einer Sekte gegangen. Er war ein kluger, gebildeter Mann und Professor in Mailand. Oft hielt er öffentliche Reden, bei denen viele Menschen zuhörten. Aber Augustinus war nicht glücklich gewesen. Er war verzweifelt auf der Suche nach Antworten auf die vielen Fragen, die auch er als gebildeter Mann nicht beantworten konnte. Schließlich war er deshalb sogar krank geworden. Ambrosius wusste, dass Monika sich große Sorgen um ihren Sohn gemacht und viel für ihn gebetet hatte. Und Gott hatte ihre Gebete erhört. Gott war Augustinus begegnet und hatte ihm aus seiner Krise geholfen. Nun stand Augustinus vor Ambrosius und wollte sich taufen lassen.

Ambrosius spürte eine große Freude in sich aufsteigen. Wie wunderbar war Gott, dass er Augustinus geholfen hatte! Wie wunderbar war Gott, dass seine Kirche immer mehr wuchs! Ambrosius konnte nicht anders, er musste seine Begeisterung über Gott laut aus sich herausschleudern. Es war ihm egal, dass die Leute etwas anderes von ihm erwarteten. Und so begann er, aus dem Stehgreif ein Lied zu singen, sang einfach das laut, was er in seinem Herzen fühlte. Das Lied floss einfach aus ihm heraus: „Großer Gott, wir loben dich; Herr, wir preisen deine Stärke." Plötzlich begann auch Augustinus zu singen und antwortete Ambrosius auf seinen Gesang: „Vor dir neigt die Erde sich und bewundert deine Werke." Und dann sangen sie gemeinsam: „Wie du warst vor aller Zeit, so bleibst Du in Ewigkeit."

Nach seiner Taufe änderte Augustinus sein Leben vollständig. Er wurde Theologe und schrieb viele Bücher über Gott, die bis heute gelesen werden. Es ist sicher, dass Ambrosius an Ostern im Jahre 387 Augustinus getauft hat. Ob dabei wirklich das Lied entstanden ist, wissen wir nicht. Wenn es nicht so war, dann ist es auf jeden Fall gut ausgedacht. Denn dieses Loblied wurde so beliebt, dass es immer dann gesungen wurde, wenn Menschen Gott besonders dankbar waren, zum Beispiel wenn ein Krieg zu Ende war oder ein König gekrönt wurde.

Heute singen wir meistens die Version „Großer Gott wir loben dich" von Ignaz Franz. Auch sie drückt Freude und Dankbarkeit über Gott aus, die schon Ambrosius im Jahr 387 an Ostern gespürt hat.

Renate Schwarz,
Jugendreferentin

Methodischer Hinweis 2:
Gemeinsam überlegen, zu welchen Anlässen „Großer Gott, wir loben dich" in der Gemeinde gesungen werden kann.

Ich lobe meinen Gott

EG 272   **LJ 160**   **M1 206**

Methodischer Hinweis 1:
Die Kinder ihren Dank an Gott auf mit Helium gefüllte Luftballons oder auf einen Heißluftballon schreiben und steigen lassen. Achtung: das geht nur bei gutem Wetter!

Jenni kommt von der Schule nach Hause. Sie ist ganz aufgeregt: „Mama, Mama! Ich habe eine „1+" im Diktat. Null Fehler. Ich kann's nicht glauben. Dabei war ich so aufgeregt heute morgen. Aber dann habe ich gebetet, dass Gott mich ruhig werden lässt und ich mich auf das Diktat konzentrieren kann. Ich freu mich riesig!"

Jenni ist ganz außer sich. Ihre Augen strahlen. Jenni legt sich nach dem Mittagessen aufs Bett, summt leise vor sich hin und spricht mit Gott: „Hey Gott, das war echt stark. Ich war heute Morgen so fertig und du hast mir geholfen! Danke – du bist toll!" So was erlebt man nicht jeden Tag. Aber ab und an gibt es solche kleinen Wunder.

Ich glaube, dass Gott uns jeden Tag beschenkt, mal mehr, mal weniger. Manchmal ist das Geschenk so großartig, dass es mich fast umhaut. Manchmal ist es so klein und selbstverständlich, dass ich es gar nicht bemerke.

Jennis Erlebnis und zahlreiche Geschichten in der Bibel zeigen, dass Gott viele tolle Dinge tut. Aber wir Menschen nehmen oft vieles selbstverständlich und denken nicht daran, uns bei Gott dafür zu bedanken.

Die Bibel berichtet: Als Jesus zehn sehr kranke Männer heilte, kam nur einer zurück, bedankte sich bei Jesus und lobte ihn. Und Jesus fragte ihn: „Habe ich nicht zehn Männer geheilt? Weshalb kommt nur ein einziger zurück, um sich bei Gott zu bedanken?"

Angela Schwarz,
Jugendreferentin, Projektmanagerin ChurchNight, ejw

**Methodischer
Hinweis 2:**
Wie ist das bei dir?
Überleg mal: Wenn du etwas
geschenkt bekommst ...
ist es dir wichtig,
dich dafür zu bedanken?
Hat dir Gott schon mal geholfen?
Ist dir etwas gelungen,
das du nicht für möglich
gehalten hast?

Gebet:
Ich lobe meinen
Gott von ganzem Herzen.
Erzählen will ich von all seinen
Wundern und singen seinen
Namen. Ich lobe meinen Gott
von ganzem Herzen. Ich freue
mich und bin fröhlich, Herr,
in dir. Halleluja.
Amen.

Leben aus der Quelle F1 86

Die Heuernte ist in vollem Gange. Unbarm-
herzig brennt die Sonne vom Himmel. Der
Schweiß rinnt aus allen Poren. Endlich
sind wir mit dem Wenden des Heues fertig. Dann rennen wir Kinder in den küh-
len Schatten. Unter hohen Bäumen fließt
unser geliebter Bach. Direkt daneben
entspringt eine Quelle. Ihr kaltes Wasser ist
eine wunderbare Erfrischung. Wir füllen unsere
hohlen Hände und trinken, lassen es über Gesicht und Arme laufen.
Die ganze Hitze und Mühe ist mit einem Schlag vergessen. Das Wasser der Quelle hat uns erfrischt und unseren Durst gelöscht.

> **Methodischer Hinweis:**
> Kinder können sich in einer Schale Wasser die Hände und das Gesicht erfrischen.

Die Beter der Psalmen in unserer Bibel versuchen, mit ganz verschie-
denen Bildern ihre Erfahrungen mit Gott zu beschreiben. In Psalm
36,10 betet David: „Bei dir, Gott, ist die Quelle des Lebens." Er hat die
Erfahrung gemacht, dass die Begegnung mit Gott ihn erfrischt wie
klares, kühles Wasser an einem heißen Sommertag.

Das Lied „Leben aus der Quelle" ist ein Psalm aus unserer Zeit. Es ist
ein Gebet, in dem der Liedermacher darüber nachdenkt, wie sich der
Glaube an Gott in seinem Leben auswirkt.

„Du kennst mich und schenkst mir hoffnungsvolle Gedanken."
Der Liedermacher freut sich darüber, dass Gott ihn kennt und ihn
ohne Wenn und Aber liebt. Er hat erfahren, dass Gott selbst seine
manchmal traurigen und ängstlichen Gedanken wegnimmt und sie
gegen schöne, hoffnungsvolle und fröhliche Gedanken austauscht.

„Du hilfst mir, zu schweigen und auf dich zu warten."
Schweigen, den Mund halten, nicht gleich zurückschlagen – das ist
nicht immer leicht, vor allem, wenn man bedenkt, dass man Recht
hat. Der Liedermacher redet davon, dass es in manchen Situationen
gut ist, erst einmal zu schweigen und abzuwarten. Dadurch ist Zeit,
in Ruhe über das nachzudenken, was uns gerade ärgert oder verunsi-

chert. Das Gebet kann uns helfen, zu hören, was Jesus über die Sache denkt und wie er wohl handeln würde.

„Du willst mich gebrauchen als Salz für die Erde."

Menschen, die an Jesus glauben, werden von ihm als das Salz der Erde bezeichnet. Salz würzt nicht nur unser Essen. Salz hat eine heilende Wirkung. Jesus traut es uns zu, von seiner Liebe zu erzählen. Sie macht uns zu neuen Menschen, weil Jesus Schuld vergibt. Er schenkt uns Mut, mit offenen Augen durch die Welt zu gehen, um zu sehen, wo andere unsere Hilfe brauchen.

Alma Ulmer,
Studienleiterin
Bernhäuser Forst,
Landesjugend-
referentin ejw

Ich singe dir mit Herz und Mund

EG 324 **LJ 186**

Was unterscheidet ein geistliches Lied von anderen Liedern? Was ist der Unterschied zwischen einem christlichen Lied und einem anderen Song?

Ganz besonders in der ersten Strophe seines bekannten Chorals „Ich singe dir mit Herz und Mund" erinnert uns Paul Gerhardt an das, was geistliche Lieder von anderen Liedern unterscheidet – mit anschaulichen Worten und in einer einfachen, aber sehr dichten Sprache:

> **Methodischer Hinweis:**
> Drei farbige Kartons mitbringen. Auf einer Seite ist jeweils ein großes Fragezeichen und auf den anderen Seiten stehen die Worte „Wie singen wir?", „Wem singen wir?" und „Was singen wir?". Die Zuhörer bekommen in einem kleinen Gespräch Gelegenheit zu sagen, was ihnen in Bezug auf geistliche Lieder zu diesen Fragen einfällt.

Wie singen wir? ... „mit Herz und Mund". Das geistliche Lied hat seinen Ursprung im Herzen. Natürlich setzen wir zum Singen unsere Stimme, unsere Stimmbänder, unsere Lippen und unseren Mund ein. Das geistliche Lied soll aber mehr als nur ein Lippenbekenntnis sein, es soll von Herzen kommen.

Wem singen wir? ... „dir", unserem Herrn. Das geistliche Lied hat einen Adressaten. Es wird nicht in den luftleeren Raum oder in erster Linie einem Publikum gesungen. Gott soll unser Lied hören und er hört es auch. Ihm bringen wir unseren Dank, ihn loben wir und ihn bitten wir. Das geistliche Lied ist nicht nur Musik, sondern zugleich auch Gebet.

Was singen wir? ... „was mir von dir bewusst". Das geistliche Lied ist immer auch ein Bekenntnis. Wir singen, was wir glauben. Wir greifen im Lied auf, was Gott uns über sich offenbart hat. Wir bekennen im Lied die Größe und Güte, Liebe und Barmherzigkeit, Gerechtigkeit und Gnade Gottes. Wir singen von Erfahrungen mit Gott. Uns zur

Erinnerung, ihm zur Ehre und allen Menschen, die unserem Singen zuhören, als frohe Botschaft.

Vielleicht kannst du mit Liedern anderer Menschen oder aus anderer Zeit nichts anfangen. Dann bist du – wie alle anderen auch – ganz persönlich eingeladen: Singe dem Herrn (d)ein neues Lied! Es muss in keine Charts kommen. Es darf auch krumme Töne haben. Einfach ein Lied, das aus deinem Herzen kommt. Ein Lied von dir persönlich für Gott. Ein Lied, in dem du singst, was Gott dir bedeutet. Gönn dir einmal eine Zeit der Stille, um dem Herrn (d)ein Lied zu singen!

*Andreas Lämmle,
Notar, Mitglied
Vorstand CVJM-
Landesausschuss*

Gebet:
Vater im Himmel,
ich danke dir, dass du unsere Lieder hörst, laut gesungene und fast stumm gesummte, fröhliche und traurige, alte und neue, bekannte und unbekannte. Gib uns den Mut, dir ehrlich zuzusingen, was uns auf dem Herzen liegt, was uns freut und was uns bedrückt.
Amen.

Lobe den Herren, den mächtigen König

EG 316   **LJ 178**

Wie ist das, wenn wir etwas geschenkt bekommen? Wenn deine Oma dir z. B. ein Bonbon schenkt, freust du dich und bedankst dich? Wie ist das mit den alltäglichen Dingen? Bedankst du dich auch dafür, dass du jeden Tag zu essen hast?

Als ich so etwa 10 Jahre alt war, haben meine Eltern gesagt, ich müsse mich immer bedanken, wenn mir jemand etwas schenkt. Also habe ich brav „Danke" gesagt. Aber mit dem Essen? Ich gebe zu, dass ich als Zehnjähriger eher weniger daran gedacht habe, mich zu bedanken, und bei wem denn? Soll ich mich beim Bäcker für die Brötchen und das Brot bedanken, oder beim Bauer, der Weizen angebaut hat? Wenn's dann Wurst und Fleisch gibt, kann ich doch unmöglich zum Metzger rennen und „Danke" sagen. Bei den meisten Lebensmitteln weiß ich gar nicht, wo sie genau herkommen. Ich kann doch nicht nach China fahren, nur weil der Reis da herkommt.

Du merkst schon: das geht nicht, und das verlangt auch niemand. Brauchen wir uns dann nicht fürs Essen zu bedanken? Doch, das wäre schon gut. Es gibt auch eine Adresse: Gott. Ohne Gott gäbe es die Erde nicht. Ohne Gott könnte nichts wachsen. Ohne Gott hätten wir nichts zu essen. Deshalb können wir uns bei Gott bedanken.

Überlege doch mal, wofür wir Gott noch danken können? Da fallen dir viele Dinge ein. Je länger du nachdenkst, desto mehr wirst du entdecken, wofür es sich lohnt, Gott Danke zu sagen.

„Was ist mit den Menschen, denen es nicht so gut geht?", wirst du jetzt vielleicht fragen, „Die können doch dafür nicht danken?" Das stimmt. Und trotzdem werden auch solche Menschen in ihrem Leben Schönes entdecken und Gott dafür danken können. Und wenn sie es gerade nicht können, dann bleibt zu hoffen, dass sie es wieder schaffen, Gott als den zu begreifen, der es gut mit uns meint. Wenn wir es dann kapiert haben, können wir gar nicht anders, als ihm zu danken und ihn zu loben.

Benedikt Waldner, Tim Ordenewitz, Samuel Benner, Johannes Böhmerle,
Dietmar Höldele,
Jungbläserleiter

Gebet:
Lieber Gott,
ich danke dir, dass du es
gut mit mir meinst. Ich habe
alles, was ich zum Leben
brauche. Du hast mir schon
oft geholfen. Dafür will
ich dich loben.
Amen.

Lobe den Herrn meine Seele   F1 6

An meinem letzten Geburtstag holte mich Anna auf dem Weg zur Schule wie jeden Morgen von zu Hause ab. Anna ist meine beste Freundin. Als ich ihr die Tür öffnete, grinste sie mich von einem Ohr zum anderen an: „Alles Gute zum Geburtstag wünsch ich dir!" und wir machten uns auf den Weg in die Schule.

Aber an diesem Tag kam alles andere als „Alles Gute!". Ich weiß gar nicht mehr genau, womit es angefangen hat. Entweder mit Thomas, der mir seine schäumende Cola über meine neue Hose kippte oder die Fünf in Mathe, wo ich doch so viel gelernt hatte. Ich war ganz sicher nicht in Geburtstagslaune. Beim Mittagessen musste ich dann auch noch meiner Mutter das Matheergebnis beichten – warum dauerte dieser Tag eigentlich so unendlich lange?

Nach den Hausaufgaben und einer Extrarunde Matheaufgaben (am Geburtstag!!!) kamen die ersten Kaffeegäste. Dazu gehörte auch meine Patentante Renate, zu der aber alle nur Reni sagen. Ich freute mich wie ein Schneekönig, denn Reni war meine Lieblingstante. Sie konnte Witze erzählen, dass einem der Bauch vom Lachen weh tat. Langsam schien der Tag ein bisschen freundlicher zu werden. „Na – was ist los mit meinem Lieblingspatenkind? Guckst aus der Wäsche wie der Miesepeter persönlich! Hier – dein Geschenk – und alles Gute zum Geburtstag!" „Da – da war es schon wieder! Alles Gute! Pah – die haben ja keine Ahnung ... wo ist es denn das „Alles Gute!", dachte ich und packte wie nebenher mein Geschenk aus. Während ich so am „Vor-mich-hin-grummeln", war las ich den Liedvers auf der Karte, die mir Tante Reni geschrieben hatte:

„Lobe den Herrn, meine Seele, und seinen heiligen Namen.
Was er dir Gutes getan hat, Seele, vergiss es nicht, Amen.
Lobe, lobe den Herrn, lobe den Herrn, meine Seele.
Lobe, lobe den Herrn, lobe den Herrn, meine Seele."

„Was er dir Gutes getan hat" – schon wieder geht's um „Alles Gute!" Ich frage mich: Wie ist das denn eigentlich? Die einen wünschen mir alles Gute und auf der Karte steht, dass Gott mir auch schon mal etwas Gutes getan hat. Aber heute bestimmt noch nicht! Oder? Da steht auch „vergiss es nicht" – ich glaube ich habe heute wirklich vergessen, „was Gott mir Gutes getan hat". Das geht scheinbar ganz schnell! Dabei fallen mir, wenn ich richtig nachdenke, eine ganze Menge Dinge ein, die eigentlich ziemlich „gut" sind ... mein Geburtstagskuchen zum Beispiel oder dass ich eine Freundin habe. Dass die Sonne heute scheint und ja – dieses „Spitzengeschenk" von Tante Reni, das ich in der Hand halte: ein Übernachtungswochenende bei ihr – nur sie und ich – das wird klasse!

In diesem Moment merkte ich, wie die schlechte Laune, die ich den ganzen Tag schon hatte, wie weggeblasen war. Es war zwar nicht „alles gut", aber doch eine ganze Menge. „He – was summst du denn da?", fragte mich plötzlich Tante Renis Stimme ganz nah an meinem Ohr. Ich summte etwas lauter: „Lobe den Herrn, meine Seele, und seinen heiligen Namen. Was er dir Gutes getan hat, Seele vergiss es nicht, Amen!"

Carolin Gaiser,
Jugendreferentin

Lobet den Herren, alle, die ihn ehren

EG 447 **LJ 258**

Den Herrn loben? Ist ja schön und gut, aber was heißt das und wie soll das gehen.

Stell dir vor, du sitzt im Fußballstadion, es ist das Spiel um die deutsche Meisterschaft. Das Stadion ist bis auf den letzten Platz ausverkauft und die Stimmung ist fast am Überkochen. In dem spannenden Spiel steht es 1:1 und die 90. Minute hat schon begonnen.

Plötzlich kommt der letzte Angriff deiner Lieblingsmannschaft und dein absoluter Lieblingsspieler zieht aus 35 Metern voll ab auf das gegnerische Tor. Der Ball scheint unendlich lange zu fliegen und jeder stellt sich nur die Frage: Hält der Torwart oder geht der Ball rein?

Und dann ist es so weit: Der Ball fliegt genau in die obere rechte Ecke des Tores, nur Millimeter am Handschuh des Torwarts vorbei. Der Schiri pfeift das Spiel ab und deine Mannschaft hat mit 2:1 die deutsche Meisterschaft gewonnen.
Kannst du dir vorstellen, was mit dem Torschützen geschieht? Das ganze Stadion jubelt ihm zu und feiert ihn als den Helden der Saison. In diesem Moment ist er der Held des Tages, ja er wird von den Fans vergöttert.

Das heiße ich jemanden loben. Ihn als absolutes Vorbild zu sehen und ihm vollen Respekt zu zeigen. Aber Gott so zu sehen wie einen Fußballstar? Schließlich lässt er ja auch viele Dinge zu, die wir schwierig finden. Wie ist es, wenn Oma oder Opa stirbt, oder wir wegen der Arbeitsstelle unseres Vaters umziehen müssen und komplett neue Freunde finden müssen? Sollen wir da Gott loben und ihm zujubeln?

In solchen Situationen haben wir sicher keine besondere Lust, Gott zu loben. Das ist dann voll in Ordnung. Es wird in unserem Leben immer wieder Zeiten geben, in denen wir Gott nicht loben können oder wollen. Trotzdem liebt dich Gott so, wie du bist. Er will immer nur das Beste für dich, auch wenn du das nicht gleich verstehen kannst. So wird es in deinem Leben immer wieder sein. Wenn du aber nur auf das siehst, was du nicht verstehst, kriegst du gar nicht mehr mit, dass Gott jeden Tag Dinge für uns tut, die für uns schon selbstverständlich geworden sind. Hast du schon einmal darüber nachgedacht? Dass du ohne Probleme laufen kannst, dass du eine Schule besuchen kannst, dass du jeden Tag genug zu essen hast und ein Dach über dem Kopf.

Es müssen nicht immer die großen Dinge sein, die Gott bewirkt. Oft hilft er uns mit vielen Kleinigkeiten. Deshalb denke ich, es gibt genügend Gründe, Gott zu loben.

Holger Schuster,
Konstrukteur,
Mitarbeiter in der
Konfi-Arbeit

Gebet:
Vater, wir möchten dir danken, dass du jeden Tag bei uns bist und uns mit allem versorgst, was wir brauchen. Lass uns mehr bewusst werden, dass du hinter den vielen Kleinigkeiten steckst, die wir jeden Tag erleben dürfen. Lass uns Dinge, die wir nicht verstehen, so annehmen können, wie sie sind. Danke, dass du uns liebst.
Amen.

Stille vor dir mein Vater   F2 97

Stille ist eine komische Sache, manchmal kann man sie kaum ertragen und manchmal sehnt man sie herbei.

Methodischer Hinweis:

Verschiedene unzerbrechliche Gegenstände mitbringen (z. B. Buch, Tennisball, Stofftier, Blatt Papier, Stecknadel).

Die Kinder stehen im Kreis, die Gegenstände werden ausgeteilt. Alle schließen die Augen und lassen nacheinander ihren Gegenstand auf den Boden fallen. Der lauteste Gegenstand kommt zuerst. Die Kinder müssen immer leiser werden, um den Gegenstand noch zu hören. Nach der Einstiegsübung die Augen öffnen und im Kreis auf den Boden setzen.

Wenn in der Schule der Lehrer der gesamten Klasse eine Strafarbeit androht, dann herrscht Stille. Wenn euch beim Tischabräumen eine Tasse von Mamas schönstem Geschirr zu Boden fällt, dann entsteht kurz eine erschrockene Stille. Wenn ein Gewitter aufzieht und alle Vögel aufhören zu singen, dann herrscht die Stille vor dem Sturm. Wenn dich die Lehrerin fragt, warum du schon zum dritten Mal deine Hausaufgaben nicht gemacht hast, weißt du nicht, was du antworten sollst und es ergibt sich eine peinliche Stille.

Wenn dich die anderen in der Klasse immer hänseln, dir Dinge nachrufen oder dich sogar auf dem Heimweg mit ihrem Geschrei verfolgen, sehnst du dich nach Stille, damit das endlich aufhört. Wenn deine Eltern abends, wenn du im Bett bist, streiten, ziehst du das Kissen über den Kopf, damit endlich Stille ist.

Wenn eure Familie in den Bergen an einem See Rast macht, kann man nur die Kuhglocken und das Rauschen des Windes hören. Dann kannst du Stille genießen. Wenn du dich mit deinem Lieblingsbuch in dein Bett verkrümelt hast und dich keiner stört, dann führt dich die Stille in immer neue Abenteuerwelten.

Stille kann ganz unterschiedlich auf uns wirken. Mal tut sie gut, mal ist sie schwer zu ertragen. Viele Menschen merken aber irgendwann in ihrem Leben, dass sie in der Stille zur Ruhe kommen können, sich entspannen und neue Kraft für neue Erlebnisse bekommen. Wenn du das Lied „Stille zu dir mein Vater" singst, merkst du schon, wie du durch das Schwingen der Melodie ruhiger wirst. Nur wenn man ganz still ist, kann man auch hören, was zu einem gesagt wird.

Im Lied möchte jemand ruhig werden, um zu beten, also mit Gott zu reden. Durch ein Gebet kann man auch ruhig werden. Man kann sagen, was einen bedrückt oder freut. Man kann seine Gedanken ordnen und bekommt dann Kraft, wieder weiter zu machen. Beim Spiel vorhin hast du die Augen geschlossen, um besser hören zu können. Vielleicht hast du das auch schon bei Menschen gesehen, die gebetet haben. Wenn man die Augen zumacht, schließt man sie gegen alles Laute, gegen alles was ablenken kann. Versuch es doch einfach einmal selbst, wenn du betest. Wenn du die Augen schließt, kannst du dich viel besser auf das konzentrieren, was du sagst. Vielleicht spürst du, wie in dem Lied, dass ein Vers aus der Bibel wichtig für dich wird. Oder du spürst Frieden, der sich in dir ausbreitet. Oder einfach nur Stille, die Kraft gibt und stark macht.

Hanna Fischer,
Bezirksjugendreferentin

Gebet:
Danke Gott, dass nicht immer nur alles laut und hektisch sein muss, sondern dass du uns immer wieder Zeit zum Kraftsammeln gibst. Egal ob wir die Stille in der Kirche, an einem Bergsee oder daheim im Kinderzimmer erleben, danke, dass es sie gibt.
Amen.

Dein Wort (Thy word)

F2 115   M2 171

Material:
- Augenbinde
- Stühle; werden in einer Schlangenlinie im Raum verteilt

Aufgabe:
1.) Merke dir die Anordnung der Stühle und gehe dann mit verbundenen Augen von einem Stuhl zum anderen.
2.) Lasse dich mit verbundenen Augen leiten, jemand sagt dir, wie du gehen sollst.

Na, wie ist es dir ergangen? War ziemlich schwer oder besser gesagt fast nicht machbar, den Weg ohne Hilfe und Licht zu gehen, oder? So ist es oft mit unserem Leben. Wir wissen nicht, wie wir weitergehen sollen. Vielleicht steht eine wichtige Entscheidung vor dir. Du musst dich für die richtige Schule entscheiden: Haupt-, Realschule oder Gymnasium. Oder jemand bietet dir eine Zigarette an. Was tun? Du rauchst mit um nicht „out" zu sein, um dazuzugehören. Oder sagst du „Nein"? Deine Eltern gehen dir auf die Nerven, weil du nur am Computer rumhängst und sie gerne hätten, dass du mal raus gehst oder zumindest etwas anderes machst (z. B. ein Buch lesen – wie langweilig). Was tust Du?

Es ist nicht immer einfach, seinen Weg zu gehen. Bin ich bockig oder gehe ich den Weg des geringsten Widerstandes? Manchmal meinen wir, den richtigen Weg alleine zu kennen. Schließlich willst du eigene Entscheidungen treffen und dir nicht von irgend jemand was sagen lassen. Aber dann gibt es Situationen, wo du dich unsicher und alleine fühlst. Dann kommen Zweifel: Ist das richtig, was ich tue? Ist das mein Weg?

Vielleicht fehlt dir jemand, der dich anleitet, so wie in unserem Spiel. Deine Eltern haben aber leider nie Zeit für dich, weil sie beide arbeiten und abends immer Hobbys angesagt sind. Und samstags ist großer Shopping-Tag, da haben sie auch keine Zeit für wichtige Gespräche.

Genau in diesen Situationen spürst du Gottes Anwesenheit. Er ist immer für dich da. Er will das Licht auf deinem Weg sein, wenn du wieder mal im Dunkeln tappst. Wenn du dich auf ihn verlässt, nimmt er dich an der Hand und zeigt dir den richtigen Weg. Dann wird's plötzlich hell und du weißt, welches die richtige Entscheidung ist, welchen Weg du gehen sollst.

Aber wo ist Gott, wirst du jetzt fragen.

Ganz einfach, Gott ist immer da für Dich. Du musst nur mit ihm reden. Wag es einfach! Bete zu ihm, wenn Du nicht weiter weißt! Gibt er dann auch Antwort, fragst Du jetzt?! Vielleicht nicht gleich und nicht sofort. Aber wenn Du deine Sorgen Gott überlässt, dann spürst Du, dass Du getragen und geleitet wirst, dass Licht ins Dunkel kommt. Gott ist ein Licht auf Deinem Weg! Sein Wort, die Bibel, hilft uns in allen Lebenslagen. Gott macht Dich stark. Verlass Dich auf ihn, dann bist Du nicht verlassen.

Holger Schuster,
Konstrukteur,
Mitarbeiter
Konfi-Arbeit

Gebet:
Vater, ich will dir danken, dass du das Licht auf unserem Weg sein willst. Ich möchte dir danken, dass du immer für uns Zeit hast und nie sagst, jetzt gerade ist es aber unpassend. Gib uns den Mut und die Kraft, es mit dir zu versuchen und zeig uns ganz deutlich, was du mit uns vor hast. Ich danke dir, dass du für jeden Einzelnen von uns da bist und uns so liebst wie wir sind.
Amen.

Sing mit mir ein Halleluja JL 18

Methodischer Hinweis:
Fußball-Fanartikel mitbringen.

Stell dir vor, du sitzt im Stadion, „deine" National-elf spielt gerade im Endspiel der WM. Da stürmt der beste Torschütze los, zieht ab und … TOOOO-OOOOOR! Alles klar, wir sind Weltmeister!!! Alle um dich herum springen auf, rufen, klatschen, schreien und von Tausenden wird ein Loblied auf die Mannschaft und den Torschützen geschmettert. Überschwänglicher Jubel! Danke für diesen Weltmeistertitel!

Wenn wir schon so über einen Titel auf dieser Welt losjubeln, wie viel größer und lauter müsste der Jubel und der Dank an unseren Gott sein. An den Gott, der nicht nur ein entscheidendes Tor geschossen hat, sondern an den Gott, der alles schenkt, was ich brauche und woran ich mich freue. Nicht nur sportliche Erfolge, sondern Ruhe in der Nacht – damit ich am nächsten Tag wieder fit und fröhlich bin, die Sonne – damit ich z. B. ganz gemütlich auf dem Balkon faulenzen kann, die Luft – damit ich nicht aus der Puste komme. ER schenkt mir Freude am Leben – und noch etwas: das Großartigste, was es geben kann. Seine Liebe zu uns Menschen. Jubeln will ich darüber, dass er lebt und mir immer treu zur Seite steht!

Ich möchte gerne ein Fan Gottes sein und das auch lautstark zeigen. „Sing mit mir ein Halleluja, sing mit mir ein Dankeschön." Dazu möchte ich euch einladen. Ich stelle mir vor, Gott sitzt da, sieht unseren Jubel und freut sich riesig darüber, dass wir zu seinen Fans gehören!

Gebet:
Anstelle eines gesprochenen Gebets gemeinsam das Lied als Dank an Gott singen!

In diesem Sinne wünsche ich euch immer wieder neu den Mut und die Freude, Gott laut zu danken und zu loben, so dass es alle Welt hören kann. „Sing mit mir ein Halleluja!"

Andrea Kaul,
Jugendreferentin

Dank sei dir, ja Dank sei dir   JL 4   M2 59

Der Rabe Kirrix

Vor langer, langer Zeit lebte der Rabe Kirrix. Er war ein schöner Rabe mit ganz schwarzen Federn. Am liebsten flog Kirrix steile Manöver und an dem Punkt an dem die anderen Angst hatten, da fing bei ihm das Fliegen erst an.

Methodischer Hinweis:
Raben-Handpuppe mitbringen

Eines Tages hörte er eine Stimme und er vernahm, dass Gott selbst zu ihm redete. Gott sprach: „Kirrix, lieber Rabe, ich habe eine besondere Aufgabe für dich. Du sollst meinen Propheten, Elia mit Essen versorgen, denn dieser findet keine Nahrung in dieser Dürre."

Kirrix dachte, er habe sich verhört. Wer soll dieser Prophet sein? Und warum soll ausgerechnet er den Propheten versorgen? Auf der anderen Seite fühlte sich Kirrix unheimlich stolz, dass er diesen Auftrag erhalten hatte. Also machte er sich auf und suchte den Propheten Elia.

Und tatsächlich entdeckte er ihn an einem Bach. Also, das war der Prophet, der sah sehr hungrig aus. Sogleich machte sich Kirrix auf und suchte nach etwas Essbarem. Er fand nach schwierigen Flugmanövern etwas Fleisch und Brot, das er sofort zum Propheten Elia brachte. Kirrix merkte, wie beschwerlich es war, Nahrung bei einer Dürre aufzutreiben. Jetzt fiel ihm ein, warum Gott ihn ausgewählt hatte. Er war der einzige Rabe, der so lange fliegen konnte, ohne vorher an Schwäche zu sterben.

Durch den Raben Kirrix überlebte der Prophet Elia. Dieser dankte Gott von Herzen, dass er ihn nicht vergessen hatte. Elia wusste: ohne Gott und ohne Kirrix, hätte er nicht überlebt. Er hatte gespürt, wie nahe Gott ihm durch den Raben Kirrix war.

Gebet:
Du kannst Gott
für alles danken, was
dir einfällt und wich-
tig ist. Ich danke
Gott für: ...

Beim Danken wird mir bewusst, wie
sehr mein Leben von Gott abhängt. Beim
Danken kommt mir Gott ganz nah.
Ich darf Gott für alles, was er mir gibt, danken.

Markus Heß,
Bezirksjugendreferent

Danke für diesen guten Morgen

EG 334   LJ 193   M1 57

Methodischer Hinweis:
In der Gruppe sammeln, wann das Wort DANKE verwendet wird. Bei welchen Anlässen sage ich DANKE! Was für Reaktionen löst es bei anderen, aber auch bei mir aus und welche, wenn ich nichts sage?

Ach, wenn ich dieses Lied doch morgens einmal singen könnte, denkt sich Michael, als er sich noch einmal im Bett umdreht. Der Wecker hat schon zweimal geklingelt und seine Mutter ruft auch schon dauernd. Jeden Morgen das Gleiche. Immer aufstehen, nie darf er liegen bleiben. Schule, tagein, tagaus – und Ferien sind auch noch lange nicht in Sicht.

Danke für diesen guten Morgen, danke für jeden neuen Tag – das haben sie gestern in der Jungschar gesungen. „Wieso soll ich für einen neuen Tag danken?", denkt Michael, als er sich auf den Weg ins Bad macht. Erst einmal kaltes Wasser ins Gesicht, dann kommt man wenigstens etwas in Fahrt. „Danke, dass ich all meine Sorgen auf dich werfen mag" – komische Sprache. „Werfen mag", wer sagt denn heute noch so was? Aber das Loswerden von Sorgen und Problemen, das wäre nicht schlecht. Die Mathearbeit, die heute ansteht oder der Felgaufschwung für die Turnnoten, der immer noch nicht klappt. Etwas besser gelaunt setzt sich Michael an den Frühstückstisch, spricht ein kurzes Dankgebet und … Das gibt es doch nicht! Kein Nutella mehr da. Seine kleine Schwester Lea war wieder einmal schneller. Sie kratzt gerade den letzten Rest aus dem Glas. Das darf doch nicht wahr sein! Was fällt der ein? Michael schreit erst einmal los. Doch es hilft nichts, das Nutella ist weg. Er muss wieder einmal Marmeladenbrot essen. Pflaumenmarmelade!

Da fällt ihm der nächste Vers des Liedes ein – „dem größten Feind verzeihen". Gestern dachte er noch, kein Problem für mich. Aber heute? Gilt das etwa auch für kleine Schwestern, die einem das Nutella wegessen? Darüber müsste man nachdenken. Doch dann zieht er sich schnell an. Der Schulbus kommt und er ist spät dran. Schnell rennt er los und kommt gerade noch rechtzeitig. Der Bus steht schon an der Haltestelle, sein Freund Simon hält die Türen auf. Gemeinsam geht's los zur Schule. Sie reden über den gestrigen Tag, über die Jungschar und dieses Lied, das Michael nicht mehr aus dem Kopf geht.

Nach zehn Minuten hält der Bus vor der Schule. Schnell rein. Die Mathearbeit wartet leider nicht. Michael setzt sich an seinen Tisch und schlägt das Aufgabenblatt auf. Das sieht doch alles recht vernünftig aus. Offensichtlich alles lösbar. Zügig macht er sich an die Arbeit und kann die meisten Aufgaben auch ganz gut lösen. Geschafft, der erste Teil des stressigen Morgens ist erledigt. Jetzt noch Sport – mal sehen ob er mit dem blöden Felgaufschwung besser zurecht kommt. Michael müht sich, er müht sich immer wieder. Leider klappt es einfach nicht. Die Note wird wohl nicht so berauschend werden. Aber wozu braucht man im Leben einen Felgaufschwung, tröstet er sich ein wenig.

In der Mittagspause macht er sich nochmals Gedanken über das Lied „Danke für diesen guten Morgen". Eigentlich war er doch ganz gut, trotz fehlendem Nutella und nicht geklapptem Felgaufschwung. Simon hat extra den Bus aufgehalten und die Mathearbeit lief doch. Danke, Gott!

Marcus Witzke,
Geschäftsführer ejw

Hab Dank von Herzen, Herr   F1 54

Material: Eventuell eine kleine Spinne in einem geeigneten Gefäß mitbringen und baldmöglichst wieder aussetzen. Oder ein Bild von einem Spinnennetz. Spinne nicht gleich zu Anfang zeigen, sondern erst, wenn klar ist, dass Knut eine Spinne ist.

Kennst Du Knut? Knut hat vor allem Angst. Vor Blättern, Stängeln, Eidechsen, vor Spinnweben, sogar davor, sich Freunde zu suchen.

Knut ist eine Spinne. Eine sehr ängstliche Spinne. Er kommt sich ganz klein vor und ist fest davon überzeugt, dass ihn niemand mag und er auch überhaupt nichts kann. Nichts Normales und schon gar nichts Besonderes. Bis er eines Tages Hermie, die Raupe, trifft. Sie erzählt ihm, dass Gott ihn zu etwas ganz Besonderem gemacht hat. Gott hat ihm Fähigkeiten gegeben, die sonst niemand hat. Auch wenn sich Knut im Vergleich zu so manch großem Tier vielleicht klein und schwach vorkommt, so hat er doch seine ganz eigenen Stärken.

Hast Du schon einmal das Netz einer Spinne genau angeschaut? Es ist ein echtes Wunder. Ganz genau gemacht – und obwohl die Fäden so dünn sind, dass sie fast unsichtbar sind, ist das Netz doch so stark, dass es Wind und Regen standhalten und sogar große Insekten auffangen kann, ohne ganz zu zerreißen.

Vielleicht fühlst auch Du Dich manchmal klein und schwach. Denkst, dass Du nichts kannst. Ja, und Freunde finden, nun das geht schon gar nicht. Schließlich bist Du nicht so stark wie Max oder so schlau wie Alexandra oder so hübsch wie Cara oder, oder, oder. Immer wird es Dinge geben, bei denen Du mit anderen scheinbar nicht mithalten kannst. Aber weißt Du was? Das ist auch gar nicht wichtig, denn Du bist auch etwas ganz Besonderes. Du wurdest ganz besonders von Gott gemacht. Mit ganz besonderen Fähigkeiten und ganz besonders liebenswerten Seiten. Du bist so besonders, dass Jesus dein Freund sein will. Er will dich stärken und reich machen. Er will mit dir durch dick und dünn gehen.

Jesus weiß, was es heißt, keine Freunde zu haben. Als er vor Gericht gestellt wurde, war er ganz allein. Keiner seiner Freunde war da. Jesus weiß, was es heißt, sich schwach zu fühlen. Sicher kennst Du die Geschichte, als Jesus vor seiner Gefangennahme im Garten Gethsemane gebetet hat. Er hatte schreckliche Angst vor allem, was kommen sollte. Er fühlte sich klein und schwach, weil er nichts an der Situation ändern konnte.

Jesus weiß, was es heißt, arm zu sein, weil er selbst sehr oft auf die Gastfreundschaft anderer Menschen angewiesen war. In Jesus findest du den besten Freund. Er versteht wie dir zumute ist. Er gibt dir Mut, zeigt dir deine Stärken, macht dein Leben reich, weil du für ihn ganz besonders wertvoll bist. Jesus steht zu dir. Egal, wie du drauf bist, egal, was andere sagen, er ist treu.

Genau das hat der Dichter des Liedes „Hab Dank von Herzen, Herr" erlebt. Jesus ist sein Freund, geht mit ihm durch dick und dünn, stärkt ihn, macht sein Leben reich. Dafür sagt er Gott von Herzen Danke. Danke für ein wunderbares Geschenk – nämlich für die Freundschaft zu Jesus. Auch für dich liegt dieses Geschenk bereit. Du brauchst es nur zu nehmen. Dann kannst auch Du sicher von Herzen dieses Lied singen.

Senta Hagmayer-Berner,
Jugendreferentin

In der Stille angekommen

[Strophe 1 / Refrain / Strophe 2 + 3 / Refrain gemeinsam singen]

Wir wohnen in einer ziemlich ruhigen Straße. Von dem Trubel in der Stadt kriegen wir zum Glück nicht viel mit. Wenn der Wind von Osten her weht, dann hören wir ein wenig Zuglärm vom Bahnhof herüber. Aber dafür, dass wir mitten in der Stadt wohnen, haben wir's wirklich sehr ruhig – und darauf sind wir auch ein bisschen stolz.

Vor einigen Wochen waren wir allerdings mal um die Mittagszeit auf der Alb in einem Dorf. Und hey, da haben wir erlebt, was echte Ruhe ist! Da war nichts zu hören – kein Verkehrslärm, kein Fabrikgedröhne, kein Tatü-Tata, kein Grundgeräuschpegel … Wir haben nicht schlecht gestaunt, wie groß der Unterschied zwischen „eigentlich ganz ruhig" (unsere Straße zuhause) und „wirklich ruhig" (die richtige Dorfidylle) dann doch sein kann.

Mit der inneren Ruhe ist es wohl ähnlich. Natürlich machen wir immer mal wieder Pause, haben vielleicht gerade nichts zu tun, spannen ein bisschen aus, lassen die Seele baumeln und die Gedanken hinterher kommen. Das ist alles schön und wichtig. Aber die Stille vor Gott, die in unserem Lied angesprochen wird, ist noch mal was ganz Besonderes und hat eine ganz spezielle Qualität!

Ich finde den Gedanken faszinierend, dass wir beim Beten „Zeit mit Gott verbringen". Das muss ich mir immer mal wieder bewusst machen. Gott, der Himmel und Erde gemacht hat, hört mir zu – und ich muss gar keine „großen Worte" machen (Strophe 1). Gott kennt mich – und ich kann „meine Masken" ablegen (Strophe 2). Gott ist die richtige Adresse – für meine Angst, für das, „was mich quält und mir den Mut nimmt, all das schütt' ich vor Gott aus" (Strophe 3).

Viele Menschen um mich herum halten die Stille gar nicht aus. Wenn Ruhe einkehrt, können sie kaum damit umgehen. Vielleicht haben sie sogar unbewusst Angst vor den Gedanken, die dann hochkommen könnten. Dann lieber immer das Radio an, immer die Fernseher-Ablenkung, immer den MP3-Player griffbereit – nur kein Leerlauf!

Ich will es anders machen. Wenn es um mich herum ruhiger wird, möchte ich die Gelegenheit nutzen, einen Schritt weiter gehen und dann auch Gottes Nähe suchen im Gebet. Ich will „Zeit mit Gott verbringen" – und ich will lernen, „die Welt mit seinen Augen" zu sehen.

[Strophe 4 / Refrain (2x) gemeinsam singen]

Hans-Joachim Eißler,
Landesreferent ejw,
POP-Kirchenmusiker

Seid fröhlich in der Hoffnung   F1 131

Leise zogen Titus und Lucia die Tür hinter sich ins Schloss. So normal wie möglich gingen sie die Straße hinunter, für den Fall, dass doch jemand gesehen hatte, wie sie das Haus verließen. Jetzt nur noch dreimal um die Ecke, dann waren sie da. Im Schutz der Dunkelheit liefen sie auf die Tür von Julius' Haus zu. Lucia und Titus waren unterwegs zur Versammlung einer christlichen Hausgemeinde in Rom. Sie waren erst ein paar Mal bei einem Treffen gewesen. Noch wollten sie nicht, dass ihre Nachbarn wussten, dass sie zur christlichen Gemeinde gingen.

Allerdings hatten ihnen die bisherigen Treffen sehr gut gefallen und hinterher hatten sie immer viel zu besprechen. Dort war alles so neu, so anders. Nicht wie in den großen Tempeln Roms, wo man den Göttern opferte, um sie milde zu stimmen oder sie zu bitten, einen lang gehegten Wunsch zu erfüllen. Diese neue Lehre der Christen sagte, dass es nur einen Gott gibt und dass man ihm keine Opfer bringen muss. Auch hatten die Christen keine prunkvollen Götterfeste, sondern schlichte Treffen, bei denen gesungen, gebetet, und über den Glauben gesprochen wurde. Dazu kamen die gemeinschaftlichen Mahlzeiten und die gegenseitige Unterstützung. Das fanden Titus und Lucia besonders gut.

Heute würden sie einen weiteren Teil eines Briefes lesen, den Paulus, einer der bekanntesten christlichen Missionare, an die Hausgemeinden in Rom geschrieben hatte.

Als alle beieinander waren begann Julius vorzulesen. In diesem Abschnitt des Briefes ging es darum, wie die christliche Gemeinde zusammenleben sollte. Eigentlich waren es ganz alltägliche Dinge, über die Paulus schrieb. Sie sollten sich gegenseitig helfen, gastfreundlich sein, Freude und Leid miteinander teilen. Aber es waren auch ungeheuerliche Dinge darunter wie, mit allen Menschen friedlich zusammenleben. Galt das auch für den Nachbarn, mit dem man seit Jahren zerstritten war? An einer anderen Stelle forderte Paulus sogar seinen Feinden zum Essen und zum Trinken zu geben, wenn sie

Hunger oder Durst hatten. Das war ganz gegen das, was Titus und Lucia bisher gewohnt waren.

Ein Satz blieb Lucia an diesem Abend besonders im Gedächtnis: „Seid fröhlich in der Hoffnung, geduldig in der Bedrängnis, haltet an am Gebet." Das war genau das, was die Gemeinde brauchte. Immer wieder wurden Mitglieder der Gemeinde wegen ihres Glaubens verspottet oder benachteiligt. Niemand wusste, was es für Folgen hatte, sich zu diesem Glauben zu bekennen. Paulus hatten sie sogar wegen seines Glaubens ins Gefängnis gesteckt. Auch in Rom wurden die Hausgemeinden argwöhnisch beobachtet. Da tat es gut, wenn einem jemand in einem Brief schrieb: „Gebt eure Hoffnung nicht auf, auch wenn ihr nicht wisst was die Zukunft bringt. Haltet durch, wenn ihr von allen Seiten angegriffen werdet und denkt daran ihr könnt Gott im Gebet alles sagen, was euch bedrückt." Dieser Paulus fand immer wieder die richtigen Worte.

Wie immer hatten Titus und Lucia viel zu besprechen, als sie auf dem Heimweg waren. Sie waren fasziniert von dem, was sie gehört hatten und mussten nachdenken über das, was Paulus über das Zusammenleben der Christen geschrieben hatte. Wahrscheinlich würden sie nie ganz fertig werden, nach diesem Glauben zu leben. Aber anfangen konnten sie auf jeden Fall.

Hanna Fischer,
Bezirksjugendreferentin

Gebet:
Guter Gott,
es gibt viele Dinge in der Bibel, die wir nicht verstehen oder bei denen es uns schwer fällt, sie in unserem Leben umzusetzen. Hilf uns immer wieder neu über unser Leben nachzudenken und das zu tun, was wir in der Bibel lesen können.
Amen.

Nun danket alle Gott EG 321 LJ 182

„Nun danket alle Gott mit Herzen, Mund und Händen."

Oder auch: Lobe Gott laut, so dass alle es hören. Gott hat dir all das gegeben, was du dafür brauchst. Hände zum Klatschen oder zum Spielen eines Instruments. Den Mund zum Singen, oder um einem Instrument einen Ton zu entlocken. Das alles und mehr hat dir Gott geschenkt. Wir dürfen und sollen Gott dafür danken, dass er uns wunderbar gemacht hat!

Methodischer Hinweis:
Die Kinder in drei Gruppen einteilen. Alle schlagen „Nun danket alle Gott" auf. Mit der Begründung, einen Versuch starten zu wollen, einer Gruppe die Hände an den Stuhl binden, der nächsten Gruppe den Mund zukleben und der dritten Gruppe die Noten wegnehmen bzw. die Augen verbinden. Dann die Kinder auffordern heute mal ganz laut „Nun danket alle Gott" zu singen oder zu spielen. Vorzählen – und es wird vermutlich nichts passieren, da alle irgendwie eingeschränkt sind. Kinder reagieren lassen und dann überleiten zur Andacht.

Der Psalmbeter von Psalm 139 hat das so formuliert: „Denn du, Gott, hast meine Nieren bereitet und hast mich gebildet im Mutterleib. Ich danke dir dafür, dass ich wunderbar gemacht bin, wunderbar sind deine Werke, das erkennt meine Seele."

„Der ewigreiche Gott ..."

Gibt es jemanden, bei dem du dir ganz sicher bist, dass er dich immer lieben wird? Egal, was du angestellt hast? Egal, welche Noten du in der Schule hast?

Schwierig vorzustellen, oder? Aber es gibt tatsächlich jemand, der dich immer lieben wird. Der „ewigreiche Gott" ist so voller Liebe zu dir, dass er gar nicht aufhören kann dich zu lieben, auch wenn du mal mit einem Sechser in Mathe heimkommst. Ihm ist es wichtig, dass du fröhlich bist, lachen kannst und dass es dir gut geht.

Was ist, wenn es mir nicht gut geht? Das wirst du dich vielleicht fragen. Hat mich dann Gott nicht mehr lieb? Nein, ganz sicher hat er dich noch lieb! Weißt du, Gott selbst hat gelitten als Jesus am Kreuz gestorben ist, mehr als du dir vorstellen kannst. Deshalb wird er dich verstehen, wenn es dir mal schlecht geht, du dich über den Sechser in Mathe ärgerst und er wird dir eine Extraportion seiner Liebe schenken. Denn Gott möchte dir ein fröhliches Herz schenken, damit du wiederum Gottes Lob so schön wie möglich rausposaunst.

„Lob, Preis und Ehr sei Gott ..."

Der Liederdichter fordert alle Menschen auf, Gott zu danken. Sag mir irgendetwas, was sich nie ändern wird? Etwas, was immer gleich bleiben wird? Ein Stein vielleicht?

Wassertropfen können ein Loch in den Stein arbeiten. Also, ein Stein bleibt nicht immer gleich. Das einzige, was immer so bleiben wird wie es ist, ist Gott und seine Liebe zu dir. Er war am Anfang da, noch bevor es die Welt und das Universum gab. Und er wird immer da sein. Wenn wir mit offenen Augen durch die Welt laufen, sehen wir, dass er noch heute „große Dinge" tut. Er hat die Welt erschaffen. Er hat dich erschaffen und jeden einzelnen Menschen. Ist das nicht ein Grund, Gott zu loben? „Nun danket alle Gott, mit Herzen, Mund und Händen!"

Andrea Losch,
Jugendreferentin

Gebet:
Psalm 139, 1–14
gemeinsam
beten.

Vergiss nicht zu danken dem ewigen Herrn, ...

EG 608   LJ 618

„Mist, jetzt sind sie weg. Ich wollte mich doch noch bei meinen Großeltern bedanken", denkt Caroline. „Sie hatten mir meine Lieblingsschokolade mitgebracht. Und außerdem habe ich sie so lieb, meine Großeltern. Ob sie mich wohl noch lieb haben, mich undankbare Enkelin?"

Der Schreiber von „Vergiss nicht zu danken" kennt das Problem. Menschen vergessen gerne, sich zu bedanken. Und das war schon immer so. Selbst die Menschen, die Jesus von einer schlimmen Krankheit geheilt hatte, haben sich bei ihm nicht bedankt. Nur einer von zehn Geheilten hat an die Heilung gedacht und Danke gesagt.

Kommt, wir versuchen mal etwas:

Wir sprechen jeden Tag ein Dankgebet. Lasst uns Danke sagen für:
– die gute Nacht, fürs Ausruhen dürfen
– den guten Morgen und den neuen Tag
– das Essen, das uns täglich satt macht
– die Eltern (die Geschwister, die Großeltern, die Freunde)
– die Tiere, Berge, Seen, das Meer
– den Frieden bei uns
– ... kennst Du noch etwas, wofür Du danken kannst?

[Denkpause oder Aufforderung zu antworten]

Dann kann Folgendes passieren: jeder Mensch, der dankt ist ein fröhlicher Mensch. Und das steckt an. Die Freunde und Freundinnen merken es. Vielleicht lassen sie sich durch Dich in Deine Jungbläsergruppe/Jungschar/Jugendchor/Kinderkirchgruppe einladen.

Nicht immer klappt das mit dem Danken. Manchmal vergessen wir es einfach, manchmal sind wir zu traurig. Auch wenn Du nicht beten und an Gott denken kannst, gilt: Jesus liebt Dich!
Wenn Du traurig bist – Jesus tröstet Dich.

Wenn Du alleine bist – Jesus ist bei Dir.
Wenn Du krank bist – Jesus hilft Dir.
Wenn Du Mist gebaut hast – Jesus vergibt Dir.

Martin Ströbel
Bankkaufmann,
Bezirksposaunenwart

Gebet:
Danke, Herr Jesus,
Du liebst mich,
auch wenn ich Mist baue.
Danke, Herr Jesus,
Du bist bei mir, wenn ich alleine bin.
Danke, Herr Jesus,
Du hilfst mir, wenn ich krank bin.
Danke, Herr Jesus,
Du tröstest mich, wenn ich Angst habe.
Danke, Herr Jesus,
Du gibst mir so viele gute Sachen,
Danke, Herr Jesus,
für viele Menschen um mich herum.
Danke, Herr Jesus,
dass ich danken kann.
Amen.

Wenn die Last der Welt

EG 618   F2 167   M2 186

Methodischer Hinweis:

Spiele zum Thema „Hören" eignen sich gut:

Hör auf die Worte
Eine Person mit verbundenen Augen durchläuft einen Parcours und lässt sich nur durch die Worte des anderen führen.

Such die Trillerpfeife
Eine Person hat eine Trillerpfeife und muss pfeifen. Ein anderer, der nicht weiß, wer sie hat, muss denjenigen mit der Pfeife suchen. Die Gruppe erschwert seine Suche. Sie pfeift auch, läuft wild durcheinander, nimmt die Hände zum Mund, als würde sie eine Trillerpfeife in der Hand halten.

Welcher Satz sticht heraus? „Gott hört dein Gebet" – ganze fünfzehnmal kommt er in diesem Lied vor. Warum so oft? Und warum ist nur die Rede von hören und nicht von erhören? Wenn ich Probleme habe, dann möchte ich, dass Gott meine Gebete erfüllt, erhört und sie sich nicht nur anhört! Was bringt es mir also, dass Gott meine Gebete hört?

Hier kommen wir zu einem entscheidenden Punkt.

Kennst du folgende Situation: Du redest mit jemandem. Ihr schaut euch aber nicht an. Jeder ist mit irgendetwas beschäftigt. Ihr unterhaltet euch. Er sagt was zu dir und du zu ihm. So geht es eine zeitlang gut. Irgendwann stellst du ihm eine Frage. Plötzlich stellt sich eine große Stille ein. Niemand antwortet auf deine Frage. Wer sollte auch antworten? Es ist keiner außer dir selbst im Raum. Ohne dass du es gemerkt hast, hat der andere den Raum verlassen. Anscheinend hast du dich zum Schluss mit dir selbst unterhalten.

Hören kann nur, wer in deiner Nähe ist.
Hören kann nur, wer sich nicht von dir abwendet.
Hören kann nur, wer bei dir ist und ein Ohr für dich hat.
Hören kann nur, wer sich auf dich und deine Gesprächsthemen konzentriert, wer dich als Gesprächspartner ernst nimmt.

Und deshalb kann nur auf deine Anliegen reagieren und deine Fragen antworten, wer vorher richtig zugehört hat.

So ist es wohl auch in diesem Lied gemeint. Es geht darum, sich nochmals klar zu machen: Gott hört was mich bewegt. Er weiß, was mich – sein Kind, wie es im Liedtext heißt – umtreibt. Die Frage, ob er das tut, was du möchtest, wie er auf deine Gebete antwortet; ob er sie so erhört, wie du es dir vorstellst, ist eine andere.

Wichtig ist erst einmal:
Wenn du Angst vor etwas hast – Gott ist da!
Wenn du Probleme hast – Gott ist da!
Wenn du völlig ausgepowert bist – Gott ist da!

Du musst solche Situationen nicht allein bewältigen. Gott ist dir ganz nahe. Er hat ein Ohr für Dich! Rund um die Uhr. Er nimmt dich ernst und damit auch dein Leben, deine Ängste, deine Probleme.

Während andere einfach den Raum verlassen und du dich mit dir selbst unterhalten musst, wird er dich nicht verlassen.

Wenn du Angst vor einer Schularbeit hast – Er ist dabei!
Wenn du Schwierigkeiten in deiner Familie hast – Er ist dabei!
Wenn du dich mit einem Freund
gestritten hast – Er ist dabei!

Danny Müller,
Jugendreferent

Gebet:
Lieber Vater. Danke, dass du da bist, wenn ich dich brauche. Danke, dass du ein Ohr für mich und meine Anliegen hast! Du bist da, wenn es mir mal nicht gut geht.
Amen.

Unser Vater   JL 28   F2 191   M2 194

Material: Plakat mit der Aufschrift „Gnade unmöglich, im Gefängnis zu lassen"

Wenn man den Text genauer anschaut, heißt es dort, dass Jesus für uns ein Vater und ein Herrscher ist. Wie soll das gehen oder wie sollen wir das verstehen? Um das etwas deutlicher zu machen, hab ich euch eine Geschichte mitgebracht.

In einem Land herrschte ein König, der extrem streng war. Sobald nur das Geringste gegen seinen Willen geschah, ließ er die Leute sofort ins Gefängnis werfen.

Eines Tages zog ein Bettler durch sein Land. Als er am Schloss vorbeikam, sah er die prächtigen Äpfel auf den Bäumen im Schlossgarten. Da er so Hunger hatte, holte er sich einen der Äpfel und begann ihn zu essen. Sofort kamen zwei Soldaten und schleppten ihn vor den König. Der war über den geklauten Apfel so sauer, dass er den Mann ins Gefängnis werfen ließ und folgenden Zettel dem Gefängnisaufseher gab, um ihn an die Zelle des Mannes zu hängen.

[Zettel mit Text „Gnade unmöglich, im Gefängnis zu lassen" zeigen.]

Einige Jahre später starb der strenge König und sein Sohn wurde zum neuen König gekrönt. Als er sich seine Einnahmen und Ausgaben anschaute, stellte er fest: ich muss sparen. Als erstes muss das Gefängnis ausgemistet werden, dachte er. Er ging ins Gefängnis und schaute sich jeden Gefangenen und seine Geschichte an. So kam er auch zu dem Mann, der wegen des geklauten Apfels einsaß. Er hörte sich seine Geschichte an und dachte, was macht der denn hier, den muss ich sofort los werden. Doch dann sah er den Zettel an der Tür. Er dachte eine Weile nach, dann nahm er einen Stift und änderte den Zettel, bis er folgendermaßen aussah:

[Komma auf dem Zettel durchstreichen und nach dem Wort Gnade neu setzen, so dass „Gnade, unmöglich im Gefängnis zu lassen" entsteht.]

Er verrückte das Komma und so bekam der Satz eine völlig andere Bedeutung und er konnte den Mann einfach so entlassen.

So wie der neue König in der Geschichte ist für mich Jesus. Er, der es am wenigsten verdient hatte, musste am Kreuz sterben. Aber er ist von den Toten auferstanden. So wollte es Gott. Dadurch ist für uns Menschen nach unserem Tod auf der Erde nicht Schluss. Es gibt ein ewiges Leben bei Gott, wie immer das auch sein wird. Und das ist absolut cool, dass wir einmal bei Gott sein werden. Deshalb macht es Sinn, Gott immer wieder im Gebet die Bitten des Vaterunsers zu sagen.

Holger Schuster,
Konstrukteur,
Mitarbeiter
Konfi-Arbeit

Gebet:
Vaterunser im Himmel, geheiligt werde dein Name. Dein Reich komme. Dein Wille geschehe, wie im Himmel so auf Erden. Unser tägliches Brot gib uns heute. Und vergib uns unsere Schuld, wie auch wir vergeben unseren Schuldigern. Und führe uns nicht in Versuchung, sondern erlöse uns von dem Bösen. Denn dein ist das Reich und die Kraft und die Herrlichkeit in Ewigkeit.
Amen.

Bewahre uns Gott   EG 171   LJ 117   M1 20

Max und Marie durften zum ersten Mal im Garten zelten. Der Vater hatte das Zelt auf-gebaut und zusammen mit den Kindern eingerichtet. Die beiden Geschwister waren schon den ganzen Tag vergnügt, sie machten Pläne für die Nacht, lagen Probe auf ihren Isomatten, tollten herum und waren voller Übermut. Als es Zeit war, schlafen zu gehen, schlüpften die zwei ins Zelt und in ihre Schlafsäcke. Doch schlafen konnten Max und Marie noch lange nicht. Dazu war alles zu ungewohnt. Außerdem waren sie noch viel zu aufgedreht. Als sie mit der Zeit zur Ruhe kamen, hörten sie Geräusche von draußen, die sie nicht deuten konnten. Richtig un-heimlich war es: eine Maus raschelte im Laub, später war ein Igel in der Nähe des Zeltes auf Futtersuche. Den beiden wurde etwas mul-mig. Als auch noch eine Eule durch das Licht des Mondes flog, war es mit dem Mut der beiden vorbei. Voller Angst riefen sie nach ih-rem Vater: „Papa, komm schnell, wir fürchten uns so." Ihre Stimmen drangen durch das offene Fenster in das elterliche Schlafzimmer. Der Vater hörte sie rufen, stand auf und kam zu ihnen ins Zelt. Er tröstete sie, holte eine dritte Isomatte sowie eine Decke und blieb bei seinen Kindern. In der Nähe des Vaters war die Angst schnell vergessen.

Methodischer Hinweis: Eventuell Geschichte von der Sturm-stillung (Lukas 8) lesen.

Das Lied „Bewahre uns Gott" ist auch so ein Rufen nach dem Vater. Zwischen den Sätzen „Bewahre uns Gott" und „Vater, komm schnell, wir fürchten uns!" ist kein großer Unterschied. Wie Marie und Max haben auch wir immer wieder Angst und suchen dann die Nähe des himmlischen Vaters.

In der Bibel wird an vielen Stellen davon berichtet, wie Gott Men-schen bewahrt hat. Da lesen wir von Daniel in der Löwengrube, im Neuen Testament wird von Jesus berichtet, wie er Kranke heilte und 5000 Menschen zu essen gab. Oder denken wir an die Sturmstillung: Jesus und seine Jünger waren mit ihrem Boot auf dem See Genezareth. Jesus war müde und schlief. Da kam ein Sturm auf, das Boot drohte zu kentern. Als sich die Jünger nicht mehr zu helfen wussten, weckten sie Jesus. In ihrer Angst riefen sie: „Herr, hilf uns, wir gehen unter." Jesus stand auf, befahl dem Wind sich zu legen, und der Sturm hörte auf. Auch hier wurden Menschen bewahrt. Sie hatten Jesus darum gebeten. Und so dürfen auch wir rufen: „Bewahre uns Gott". Denn Jesus sagt uns in der Bibel zu, dass wir seinen Vater um alles bitten dürfen.

Gebet:
Vater im Himmel, danke, dass du da bist und uns bewahren kannst. Du hörst unsere Bitten. Sei du bei uns und bei unseren Familien und unseren Freunden. Segne du unsere Gruppe, lass uns deine Nähe spüren. Bewahre uns Gott. Amen.

Wir Christen glauben an die Aussagen der Bibel. Deshalb vertrauen wir darauf, dass Gott uns auch bewahren wird. Wir glauben, dass er uns vor allem Bösen beschützt oder durchträgt und mit uns ist durch seinen Segen. Wir vertrauen darauf, dass er für uns da ist, wenn wir ihn rufen. Er schenkt uns Schutz und Trost, wie es auch der Vater von Max und Marie tat.

Dietmar Walter,
Industrieanlagen-Elektroniker,
ehem. Jungbläserleiter

Lieber Gott, schick uns deine Engel

KG 115

Engel – gibt's die wirklich?

Keine Ahnung – ich habe wenigstens noch keine gesehen. Oder vielleicht doch?

In der Bibel können wir immer mal wieder von Engeln lesen:

– Da erscheinen drei Männer bei Abraham und sagen ihm, dass er noch einen Sohn bekommen wird, obwohl er schon uralt ist. Und es geschieht tatsächlich.
– In einer anderen Geschichte erscheint ein Engel dem Bileam. Der wollte sich auf einen Weg machen, der Gott nicht gefiel. Kapierte das nicht, er war da wohl etwas schwer von Begriff. Deshalb schickte Gott einen Engel, der ihm den Weg versperrte.
– Und ihr kennt doch Maria, die Mutter Jesu: ihr ist ein Engel erschienen und teilte ihr mit, dass sie Jesus auf die Welt bringen wird.
– Die Weihnachtsgeschichte kennt ihr ja: die Engelscharen sind den Hirten erscheinen: ich stelle mir vor, dass das Tausende waren.
– Am Ostermorgen erscheint ein Engel am offenen Grab der Maria und der Maria Magdalena. Er verkündigt ihnen, dass Jesus auferstanden ist.

Wie du siehst, gibt es also Engel. Schade, dass wir sie heute nicht mehr sehen. Oder erkennen wir sie nur nicht?

Da ich viel mit dem Auto unterwegs bin, kommt es vor, dass ich ziemlich müde werde von der Fahrerei. So bin ich schon in gefährliche Situationen gekommen: einmal kam ich z. B. einem Lastwagen beim Überholen zu nahe. Ich konnte gerade noch das Lenkrad nach links drehen, bevor ich mit den großen Rädern Bekanntschaft gemacht hätte. Ich hätte umkommen können.

Eine andere Situation werde ich wohl auch nie vergessen: da war ich im Winter bei schneebedeckter Straße unterwegs. Es begann leicht zu dämmern. Die Autos, die unterwegs waren, hatten schon Licht an, und ich fuhr auf einer schnurgeraden Straße, als etwa 200 Meter vor mir ein entgegenkommendes Auto anfing, sich zu drehen. Wie gesagt, die Straße war echt spiegelglatt. Ich hatte keine Chance, auszuweichen. Ich bremste auch nicht, um nicht ins Schleudern zu geraten. So kam das sich drehende Auto immer näher. Genau in dem Moment, als wir auf gleicher Höhe waren, drehte es sich exakt einmal so, dass es rückwärts fahrend auf der Gegenspur an mir vorbeirutschte, ohne dass wir uns berührten. Ich habe echt gedacht, dass wir voll ineinander krachen. Aber ich war beschützt. Gott hatte ganz viele Engel geschickt, um mich zu behüten und zu bewahren.

Gibt es also Engel? Ich glaube: Ja! Auch wenn wir sie nicht sehen. Vielleicht kannst du dich an ähnliche Begebenheiten aus deinem Leben erinnern. Ich wünsche dir jedenfalls Gottes Bewahrung durch seine Engel auf allen deinen Wegen.

Michael Püngel,
Landesjugendreferent ejw

Komm Herr segne uns

EG 170   **LJ** 116   **M1** 80

Der kleine Pete steht wie immer um 7 Uhr auf. Etwas verschlafen geht's ins Bad. Waschen, Zähne putzen, anziehen und dann runter zum Frühstück. Nach zwei Nutellabrötchen schnell die Jacke anziehen, den Rucksack aufsetzen und dann passiert es das erste Mal an diesem Tag. „Pass auf dich auf", meint seine Mutti, „und sei schön behütet". Zum Mittag geht's zur Oma, lecker Nudeln mit Tomatensoße und da passiert es schon wieder. Beim Abschied sagt die Oma: „Pass auf dich auf und bis morgen." Zum Geburtstag hört man es auch, da heißt es meist: „Alles Gute, viel Gesundheit" oder auch: „Gottes Segen". Auch in der Kirche hast du es schon erlebt. Der Pfarrer breitet seine Arme aus und spricht über uns Gottes Segen.

Was ist denn eigentlich Segen? Segen heißt, ich denke gut für dich. Es heißt soviel wie: „Pass auf dich auf", „Sei behütet", „Alles Gute", „Gott beschütze dich!" ... Das genau ist Gottes Segen. Gottes Segen ist der Wunsch, dass es uns gut geht. Der Wunsch, dass Gott bei uns und in uns bleibt und uns behütet.
Gottes Segen ist der gute Gedanke der dich begleitet.
Gottes Segen ist das Licht, wenn du nachts im Dunkeln Angst hast.
Gottes Segen ist das gute Gefühl der Verbindung zu Gott.
„Komm Herr segne uns, dass wir uns nicht trennen, sondern überall uns zu Dir bekennen. Nie sind wir allein, stets sind wir die Deinen. Lachen oder Weinen wird gesegnet sein."
Wenn wir das singen, wünschen wir uns Gottes Segen. Wir wünschen uns den guten Gedanken, der uns nicht allein lässt.

Ich wünsche Dir, dass Du immer von Gottes Segen begleitet wirst, daran glaubst und von „Gottes gutem Gedanken" weißt.
Komm Herr segne uns.

Michael Dornheim,
Diplom-Wirtschaftsinformatiker,
Kirchengemeinderat

Methodischer Hinweis:
Singt das Lied gemeinsam und segnet die Kinder; Segenskärtchen verteilen.

Der Herr segne dich   EG 563   LJ 362   M2 42

Bist Du schon einmal so richtig durstig gewesen und dann an einen Brunnen mit klarem Wasser gekommen? Das ist ein Gefühl, wenn man die Hände unter den Wasserstrahl hält und den ersten Schluck Wasser in sich aufsaugt. Beim zweiten Mal Schöpfen kippt man sich das Wasser über Kopf, Arme und Oberkörper. Man fühlt die Frische. Das Wasser macht einen lebendig.

So ist Gottes Segen. Es ist eine Kraft, die Dein Leben erfrischt, die Dich aufbaut und weiterträgt. Im Segen bekommst Du etwas von Gott, was sich in Deinem Leben auswirkt. Der lebendige Gott sagt Dir zu, dass er mit Dir auf dem Weg ist und sich um Dich kümmert. Er will, dass Dein Leben gelingt.

Auch wenn das so ist, und Segen viel mit Wachsen und Gedeihen zu tun hat, so bedeutet es nicht, dass immer alles glatt läuft. Segen ist eine geheimnisvolle Kraft, aber kein Zauberelixier gegen schlechte Noten, Streit oder Meinungsverschiedenheiten. Wenn Du Gott aber all dies anvertraust und unter seinen Segen stellst, so darfst Du mit seinem Wirken rechnen. Im Segen bekommst Du etwas von Gott geschenkt. Viele Christen formen ihre Hände zu einer Schale, wenn der Segen im Gottesdienst gesprochen wird. Sie wissen, dass sie im Segen eine lebensspendende Kraft empfangen, mit der sie in den Alltag starten können.

Strecke Dich aus nach dieser Kraft, nach diesem frischen Wasser und nimm den Segen Gottes ganz bewusst entgegen. Probiere es doch mal aus und forme Deine Hände zu einer Schale oder halte sie Gott einfach hin.

Rainer Oberländer,
Landesjugendreferent ejw

Gebet:
Der Herr segne Dich und behüte Dich; der Herr lasse sein Angesicht leuchten über Dir und sei Dir gnädig; der Herr hebe sein Angesicht über Dich und gebe Dir Frieden.
Amen.

Geh unter der Gnade   EG 543   F1 254   M2 144

Das kennst du doch auch: Jetzt sollte man einfach die Zeit anhalten können. Es war einfach so schön. Was wir alles miteinander erleben konnten: Zeit zum Weggehen, Zeit zum Spielen, Zeit zum Erzählen. Natürlich wussten wir es schon von Anfang an, dass wir nicht für die Ewigkeit beieinander bleiben können. Aber wenn der Abschied kommt, wird es trotzdem schwer, sich zu trennen.

Wir stellen uns in einem Kreis auf und singen uns gegenseitig das Lied „Geh unter der Gnade" zu. Ja, wir wünschen uns gegenseitig Gottes Segen und Frieden. Jedem soll es gut gehen auf seinem weiteren Weg. Alleine, aber doch gehalten von der Gemeinschaft und Gottes Kraft. Vermutlich werden wir uns immer wieder mal an diese glücklichen Stunden erinnern. Daraus schöpfen wir Kraft und ein klein wenig von der Freude kehrt wieder zurück.

Nicht nur wir kennen solche Situationen. Als Jesus sich von seinen Freunden verabschiedet hat, ging ihnen auch so manches durch den Sinn. Was sie alles miteinander erlebt haben. So viele Wunder, viele Feste, noch mehr Begegnungen mit den verschiedensten Menschen. Ein farbenfrohes Bild ergibt sich. Jetzt müsste man einfach die Zeit anhalten können! Nur langsam ist es möglich, diese vergangene Zeit zurück zu lassen. Ebenso langsam gehen Schritte nach vorne in die Zukunft. Jesus segnet seine Freunde, wünscht ihnen alles Gute, will sie auf ihrem weiteren Weg mit seinem Geist begleiten. Sie sollen nicht alleine sein. Sein Friede soll sie begleiten, auch wenn es in dieser Welt viel Unfrieden gibt. Seine Gnade soll sie umgeben, auch wenn sie bei Menschen in Ungnade fallen. Seine Liebe soll sie umgeben, auch wenn ihre Liebe nicht erwidert wird. Seine guten Worte sollen

Gebet:

Herr Jesus Christus, mit liebenden Worten der Gnade hast du dich von deinen Freunden verabschiedet. Trotzdem muss keiner seinen Weg alleine gehen, weil du die Herzen miteinander verbindest. Durch deine Worte in den Herzen bleibt die Gemeinschaft erhalten. Dafür wollen wir dir danken. Wenn uns auch die vor uns liegende Zeit so vorkommt wie zu große Kleider, in die wir nicht hineinpassen, so umgibst du uns mit deiner Gnade und Barmherzigkeit. Dir befehlen wir uns und unsere Wege an, bis wir uns wiedersehen. Amen.

sie aufrichten, wo Hass und Zwietracht gesät wird. So bleibt Jesus mit denen, die ihm folgen, verbunden, ist in ihrer Nähe. Keiner muss alleine seinen Weg gehen. Das Band der Gemeinschaft wird nicht zerschnitten. Das Band der Gemeinschaft wird weiter geknüpft und vernetzt alle in diese eine große Gemeinschaft hinein, die sich auf das große Wiedersehen freut!

Friedemann Weller, Bezirksjugendreferent

Friede mit euch F1 252

Was sagst du beim Verlassen deiner Wohnung? Wie verabschiedest du dich zu Hause, wenn du in die Schule gehst? „Tschüss! – Mach's gut! – Ade! – Bis später! – Ich bin dann mal weg! – Ich wünsche dir einen schönen Tag!" Oder sagst du: „Friede sei mit dir!" oder „Friede sei mit euch!"? In Israel lautet der Abschiedsgruß „Shalom!". Das heißt übersetzt: „Friede sei mit dir!" oder „Friede mit euch!".

Wir sind oft so hektisch und nehmen uns für das Verabschieden wenig Zeit. Natürlich, die Schule dauert ja nicht Tage, Meist sind wir mittags wieder zu Hause, spätestens abends. Aber was denken wir, wenn wir uns verabschieden?

Jesus wünschte den Menschen Frieden, Shalom. Reicht das denn? Ja, und wie! Wenn wir den Frieden in unserem Herzen haben, dann verändern wir uns. Dann brauchen wir nicht mehr neidisch sein, nicht mehr lieblos, nicht nachtragend. Wenn wir Gottes Frieden in unserem Herzen haben, werden wir zufrieden sein mit dem, was wir haben und sind. Das Beste aber ist, dass wir diesen Frieden dann zu anderen Menschen tragen können.

Allerdings kann es sein, dass wir mit dem Wort „Frieden" nichts anfangen können. Gott sei Dank haben die meisten von uns keinen Krieg erleben müssen. Vermutlich tun wir uns deshalb mit dem Frieden so schwer und schaffen es auch kaum jemandem diesen Friedensgruß zu sagen.

Ich erinnere mich an Gespräche mit meiner Oma. Ich war damals neun Jahre alt. Sie hat ihre Erlebnisse aus dem Krieg erzählt, wie sie sich mit ihren Kindern vor den Bomben verstecken musste und nicht wusste, ob sie bald sterben würden. Das muss ganz schrecklich gewesen sein. Ich weiß noch genau, wie sie weinte, als sie davon berichtete, dass ihr Mann, mein Opa, nach dem Krieg nicht nach Hause kam. Er war in russischer Kriegsgefangenschaft und durfte erst viele Jahre später wieder zurück nach Deutschland zu seiner Familie. Ich weiß auch noch genau, wie wichtig meiner Oma der Frieden auf der Welt war. Sie wollte nie mehr so einen schrecklichen Krieg erleben. Deshalb hat sie beim Verabschieden immer gesagt: „Friede sei mit dir!" Das hat mir ein gutes Gefühl gegeben, ein Gefühl von Schutz und Bewahrung, und denselben Wunsch, dass auch ich keinen Krieg erleben wollte.

Vielleicht willst du das auch ausprobieren. Wünsche doch deinen Eltern beim Verabschieden: „Friede mit euch!" Mal sehen, was sich dann alles ändert.

Michael Püngel,
Landesjugend-
referent ejw

Gebet:
Lieber Gott,
schenke mir Frieden in mein Herz, damit ich ihn an andere weitergeben kann. Wenn es um mich herum friedlicher wird, dann kann es auch auf der Welt friedlicher werden. Das wäre toll! Danke, dass du mir dabei helfen willst.
Amen.

Shalom, shalom, der Herr segne euch

F1 248

„Von allen Seiten umgibst du mich und hältst deine Hand über mir" (Psalm 139, 5), so betet einer in der Bibel. Vielleicht kennst du diesen Psalm. Von diesem Rundumschutz Gottes redet auch dieses Lied. Es erzählt davon, dass Gott uns einhüllt. Von oben und unten, vorne und hinten, rechts und links. Rings um uns her ist Gott. Wenn draußen so richtiges Schmuddelwetter ist, ist es doch am Tollsten, sich ganz warm einzumummeln in Jacke und Schal oder in eine flauschige Decke. Wenn du Kummer hast oder krank bist, dann tut es einfach nur gut in den Arm genommen zu werden. Geborgen und geschützt bist du dann.

Methodischer Hinweis:
Bei kaltem Wetter warme Decken mitbringen, in die sich die Kinder einwickeln können, und fragen, ob sie sich so wohl fühlen. Jedes Kind kann sich eine schöne Postkarte aussuchen, das Segenslied darauf schreiben und sie dann verschenken.

Dieses Lied handelt aber nicht nur davon, dass Gott immer um dich ist. Es ist ein Wunsch. Da wünscht dir jemand, dass du auf deinem Weg durchs Leben, mit deinen Entscheidungen die du treffen musst, nicht alleine bist, sondern Gott dir zeigt wo's langgeht. Dabei ist Gott nicht nur eine Art Verkehrszeichen oder ein Navigationssystem, das dir sagt: vorne rechts abbiegen, sondern Gott ist einer, der dich an die Hand nimmt. Der mit dir geht und dich schützt. Er passt auf, dass du nicht vom Weg abkommst und er fängt dich auf, wenn du stolperst und hinfällst. Gott soll und will in dir sein, in deinem Herzen. Er will wissen, wie's dir geht. Will dich trösten, wenn du traurig bist. Er will Schlechtes von dir fern halten. Gott soll und will über dir und deinem Leben stehen, um dir zu zeigen wie wertvoll du bist und wie reich dein Leben ist.

Dieses Lied ist ein Segenslied. Ein Segenswunsch ist kein Glückwunsch. Er bedeutet nicht, dass ab jetzt immer alles glatt laufen wird und du immer glücklich und vergnügt sein wirst. Der Segen Gottes geht viel weiter. Er bedeutet, dass du nie, in keiner Situation deines Lebens, alleine bist, sondern Gott bei dir ist. Gott traut dir unheimlich viel zu. Er weiß, dass du jede Menge kannst. Und er möchte nicht, dass du nur seine Marionette bist. Du sollst selbst entscheiden wo's bei dir langgeht. Aber bei dieser Entscheidung möchte er dir helfen. Er möchte dir nicht alles abnehmen. Er möchte, dass du das Leben lebst und erlebst in allen seinen Schattierungen, mit Gutem und Schlechtem, Schönem und Traurigem, Erfolg und Misserfolg. Was wäre der Sonnenschein ohne den Regen? Oder glaubst du, dass Glück für uns immer noch so toll wäre, wenn wir nicht auch mal unglücklich wären?

Ich glaube, dass ich aus Schwierigkeiten auch lernen kann. Und wenn ich eine heikle Sache gut hinter mich gebracht habe, bin ich stolz auf mich und auch ein Stück erwachsener geworden, findest du nicht auch? Ich finde es gut, dass unser Leben nicht nur glatt läuft sondern auch Unebenheiten hat. Das macht die Sache doch interessant. Schlimm fände ich, wenn ich diese Unebenheiten immer alleine beschreiten müßte. Und da gilt Gottes Segen. Er sagt mir und dir zu, dass er mitgeht durch alle Höhen und Tiefen. Und dass er mir und dir Menschen zur Seite stellt, die mich und dich begleiten und in schweren Zeiten tragen. Das ist eine coole Sache. Darum wünsche auch ich dir, das Gott dich von allen Seiten umgibt. Dass er dich einhüllt mit seiner Liebe wie eine warme Decke und du dich bei ihm geborgen fühlen kannst. Vielleicht möchtest du diesen Segenswunsch heute an jemand anderen weitergeben. Schreib ihn doch einfach auf eine hübsche Karte und gib sie an jemanden, den du magst, weiter. Oder sag diesen Wunsch in deinen eigenen Worten einfach so jemandem zu. Ich glaube, dass es ein sehr guter Wunsch ist, über den man sich wirklich freuen kann.

Senta Hagmayer-Berner,
Jugendreferentin

Mögen sich die Wege WW 71

Es gibt für mich nichts Schöneres als zum Wandern in die Berge zu fahren. Saubere und frische Luft, tiefe Bergseen, einsam gelegene Hütten zum Ausruhen und Tiere, die man sonst nie zu Gesicht bekommt. Wenn du einmal dort in den Bergen gewesen bist und das alles gesehen hast, möchtest du bestimmt immer wieder dorthin zurück – zurück in die Natur. Wenn ich beim Wandern bin, habe ich immer einen großen Rucksack dabei. Nicht, dass ich einen so großen Rucksack immer brauche, aber unter uns … es macht doch mehr her, wenn er riesengroß ist!

[Einen großen Rucksack mit einem Seil, das außen festgebunden ist, zeigen und folgenden Inhalt herausnehmen: Wanderstöcke, Wanderkarte, Vesperdose, Trinkflasche und Regenjacke.]

– Ein Seil brauche ich nicht zum Klettern, sondern um andere und mich zu sichern, wenn der Weg gefährlich wird.
– Mit Wanderstöcken kann ich mich abstützen, wenn der Weg steil und beschwerlich wird.
– Eine Wanderkarte hilft mir, den richtigen Weg zu finden.
– Ohne Essen und Trinken, um mich zu stärken, komme ich wahrscheinlich nicht an mein Ziel.
– Und wenn das Wetter in den Bergen schlechter wird, möchte ich ja auch nicht im Regen stehen.

Alle diese Dinge brauche ich aber nicht nur, wenn ich beim Wandern bin. Ein festes Seil, das mich, meine Familie und Freunde hält, ist mein fester Glaube an Gott. Wanderstöcke und eine Wanderkarte brauche ich, um immer auf dem richtigen Weg zu bleiben. Zu verlockend sind manchmal Dinge, die ich eigentlich überhaupt nicht möchte, aber mitmache, um nicht als Außenseiter und Langweiler dazustehen. Eine gute Verpflegung, um neue Kraft zu tanken und eine Regenjacke um auch in stürmischen Zeiten nicht im Regen zu stehen, sind wichtig. Bestimmt hast du dich schon mal so richtig hilflos gefühlt. Wenn z. B. eine Klassenarbeit total in die Hose ging, und du nicht weißt wie du es deinen Eltern beibringen sollst. Aber gerade dann

Gebet:
Lieber Gott,
wir beten für alle, die auf dem
Weg zu dir sind, für alle, die ihren
Weg noch suchen und ganz besonders
für alle, die auf gefährlichen Wegen
unterwegs sind. Zeige allen den
richtigen Weg zu dir. Halte deine
schützende Hand über uns und
gib uns die Kraft und den Mut,
deinen Weg zu gehen.
Amen.

breitet Gott seine „Regenjacke" über uns aus und gibt uns Mut, Kraft und das Gefühl, nie allein im Regen zu stehen. Hast du vielleicht noch weitere Ideen, was in einem Rucksack noch so alles sein könnte? Ein Handy hat doch heute fast jeder – mit einem Handy kann ich zwar nicht mit Gott telefonieren, wenn es mir schlecht geht, aber Hilfe holen, wenn es notwendig wird. In so einem Fall ist man selbst ein Schutzengel für andere Menschen. In meinem Rucksack habe ich auch noch andere Dinge. Gute Wünsche zum Beispiel. Ein lieb gemeintes „Komm gesund wieder zurück", „Einen schönen Urlaub" oder „Viel Glück". Solche Wünsche von Eltern, Geschwistern oder Großeltern stimmen einen fröhlich und tragen sich doch ganz leicht einen Berg hinauf. So und nun kann es losgehen, hinauf auf den Berg!

Jörg Schneider,
IT-Anwendungsbetreuer/Projektleiter,
Chorleiter

Viele kleine Leute

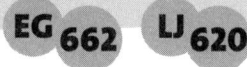

EG 662   LJ 620

Material: bunt beklebter Schuhkarton

Jonas packte seine nagelneuen Turn-schuhe aus dem Karton. Mann, die waren vielleicht cool und alle sei-ne Freunde hatten diese Marke. Es hatte ja auch entsprechend ge-dauert, bis er seine Mutter endlich überreden konnte, ihm genau diese zu kaufen. Er wollte sie sofort aus-probieren. Jonas nahm den leeren Kar-ton und gab ihm einen schwungvollen Tritt,

> **Methodischer Hinweis:**
> Überlegt euch, was ihr gemeinsam mit anderen unter-nehmen könntet, um jemandem eine Freude zu machen. Das wäre auch eine Gelegen-heit, um Gott für Freunde zu danken.

dass er quer durch den Flur schoss und – genau seiner Mutter, die in dem Moment aus der Küche kam, vor die Füße fiel. „Jonas, weißt du nicht, wo bei uns das Altpapier hingehört?", fragte sie mit einem vor-wurfsvollen Ton in der Stimme. „Ich brauche den doch nicht", maul-te Jonas, hielt es dann aber doch für besser, den Karton schnell zu schnappen und sich zu verziehen, bevor ein richtiges Donnerwetter losbrechen konnte.

Beim Mittagessen wedelte seine kleine Schwester Marie dauernd mit einem bunten Flyer vor seiner Nase herum. „Den haben wir in der Schule bekommen, es ist so eine Geschenkaktion für Kinder, die keine Päckchen zu Weihnachten bekommen", plapperte Marie ohne Punkt und Komma. „Unsere Reli-Lehrerin hat uns die Geschichte von Jesu Geburt erzählt und dass Gott uns damit ein großes Geschenk machte. Deshalb schenken wir uns ja auch was, oder?" Jonas hörte nur mit einem halben Ohr zu. Hellwach wurde er allerdings, als er in Maries Redeschwall heraushörte „... einen leeren Schuhkarton brau-che ich ..." „Du kannst von mir einen haben, in meinem Zimmer liegt er", meinte er großzügig und freute sich, dass kleine Schwestern so-gar zum Müllentsorgen nützlich waren.

Marie rannte los und kam gleich mit dem Karton wieder. „Und weißt du, wenn jedes Kind aus meiner Klasse einen Karton verschickt, dann bekommen siebenundzwanzig Kinder in Rumänien ein Weihnachtsgeschenk. Und wenn alle Kinder aus der Schule einen verschicken, dann sind das ...“

„Was sollen wir denn reinpacken", fragte ihre Mutter und begann, den Flyer zu lesen. Hygieneartikel, kleine Spielsachen, Bonbons, ein T-Shirt, Buntstifte. Eben das, worüber sich Kinder freuen könnten, die nicht die Möglichkeit haben, jederzeit im Supermarkt einkaufen zu gehen. Wenn jeder auch nur ein paar kleine Dinge von seinem Überfluss hier bei uns abgibt, ist es wie bei einer Lawine. Aus einem kleinen Schneeball entsteht eine große Lawine. Wenn viele „Kleine" Leute gemeinsam anpacken, können sie in der Welt etwas Großes bewirken.

Agnes-Dorothee Koss,
Bezirkskantorin

Von guten Mächten M1 144

Melodie bei EG Württ 541, kompletter Text bei EG 65

„Es gibt Tage, wo man so traurig ist, dass man sich noch trauriger machen möchte." *Gustave Flaubert*

Traurig sein, das kennst du sicherlich auch? Das kennen kleine und große Menschen. Wann bist du so richtig traurig gewesen? Vielleicht ist deine Lieblingsoma oder der Opa krank geworden oder sogar gestorben? Vielleicht hat dein Freund, deine Freundin die Freundschaft beendet? Weil Deine Eltern sich getrennt haben? Als dein Haustier abgehauen ist? Oder vielleicht als du selbst oder einer der dir nahe steht, so richtig krank wurde? So krank, dass keine Medizin hilft und kein Kraut dagegen gewachsen ist. Vielleicht kennst du aber auch solche Tage, an denen du so traurig bist, dass du dich gern noch trauriger machen möchtest.

Solche Tage und solche Traurigkeiten gibt es. Bei dir und bei mir. Es gibt sie bei allen Menschen und ein wirkliches Heilmittel dagegen gibt es auch nicht.

Manchmal gibt es Menschen, die dich trösten können – deine Mutter oder dein Vater, deine Großeltern, deine Paten und Freunde. Ich hoffe du hast solche Menschen. Ich wünsche es dir.

Manchmal hilft es aber auch dagegen anzusingen, gerade, wenn man immer trauriger wird. Ein Lied möchte ich dir heute mitgeben, das die Kraft hat, Traurige wieder fröhlicher zu machen.

Dietrich Bonhoeffer, einer der bekanntesten Pfarrer, hat es seiner Familie und seiner Verlobten zu Silvester geschrieben. Dietrich Bonhoeffer hat dieses Lied geschrieben, als er im Gefängnis saß und dort zum Tode verurteilt war. Du fragst dich vielleicht, was er Schlimmes getan hat?

Er wollte Menschen helfen, die wegen ihres Glaubens verfolgt und eingesperrt wurden. Als er das tat, war Deutschland von Menschen geführt, die viel Leid über Deutschland und die Welt brachten. Man kann sie als böse Macht bezeichnen. Diese bösen Mächte haben sein Leben sehr schwer gemacht und trotzdem wusste er sich von guten Mächten umgeben, nämlich von Gott. Diese gute Macht hat seine Traurigkeit erträglich gemacht und der Zuspruch durch dieses Lied von Dietrich Bonhoeffer hält bis in unsere Zeit an. Vielleicht kennst du es schon. Es ist für mich und hoffentlich auch für Dich das beste Medikament für unsere traurigen Zeiten.

Achim Großer,
Bezirksjugendreferent

Befiehl du deine Wege EG 361   LJ 207

Material: eventuell ein Bild vom Meer mitbringen

Die Sommerferien dauerten nun schon drei Wochen. Maike war das erste Mal ganz alleine verreist, ohne Eltern und Geschwister. Sie fand es ziemlich cool, bei ihrem Onkel Joost auf der Hallig Hooge. Hier war alles anders als zuhause in Stuttgart. Bei Flut hatte man den Eindruck, als würde die kleine Insel gleich im Meer verschwinden. Ringsum war nichts als Wasser, so weit man sehen konnte. Bei Ebbe konnte man dafür weit über die Insel hinausgehen. Da wo vorher Wasser war, lief man im nassen Sand und fand allerlei interessante Dinge. Muscheln, Krebse, Steine, Scherben und manches, was das Meer vergessen hatte, als es sich zurückzog. Maike mochte diese Spaziergänge bei Ebbe und ihre Sammlung von „Beute aus dem Meer" war schon auf drei Plastiktüten angewachsen.

Heute gab es Ebbe erst am späten Nachmittag und Maike entschied sich kurz entschlossen, das schöne Wetter auszunutzen, um noch ein paar ganz besondere Muscheln zu suchen. „Tschüss Onkel Joost, ich bin dann weg", rief sie und flitzte mit der vierten Plastiktüte in Richtung Strand. „Geh nicht so weit raus, das Wetter wird sich ändern", schrie ihr Onkel Joost noch nach. Er war aber nicht sicher, ob sie ihn noch gehört hatte.

Maikes Beutezug war richtig erfolgreich. Sie fand tatsächlich die kleinen gedrehten Schneckenmuscheln, aus denen sich zuhause eine Kette machen ließ. Sie grub mit den Zehen im nassen Sand und lief einfach immer mit Blick auf den Boden weiter. Plötzlich flog eine Möwe direkt auf sie zu und Maike sah hoch. Und da sah sie es. Über dem Sand waren feine grauweiße Nebelschwaden, und auch der Himmel schien ihr plötzlich nicht mehr so blau. War es schon Abend? Maike drehte sich einmal um sich selbst und da war sie weg, die Orientierung. Überall sah es gleich aus. Sand im Nebel. Rechts, links, vorne, hinten, wo war die Hallig? Sie wusste nicht mehr, woher sie gekommen war und wohin sie nach Hause musste. Wenn sie in die falsche Richtung lief, würde sie immer weiter ins Meer hinaus geraten und vielleicht nie mehr heim finden. Maike schluckte. Kalt war ihr auf einmal und ihr Herz klopfte ziemlich schnell, fand sie. „Oh Gott, was soll ich jetzt machen", sagte sie laut zu sich selbst. Da hörte sie einen merkwürdigen, tiefen Ton wie aus dem Nichts. „Das ist Onkel Joost mit dem Nebelhorn", schoss es ihr durch den Kopf. Er hatte ihr kürzlich erst gezeigt wie das Nebelhorn funktionierte und wofür man es braucht. Die tiefen Töne erklangen in kurzen Abständen immer wieder und sie hatte den Eindruck, dass sie von rechts vor ihr kamen. Sie schnappte ihre Tüte und lief durch den Nebel den hupenden Tönen nach. Sehen konnte sie nichts. Es war wie in einem Badezimmer, wenn man nach dem Duschen in den beschlagenen Spiegel guckte.

Es schien ihr eine Ewigkeit zu dauern, bis sie endlich verschwommene Umrisse sah. Da stand tatsächlich Onkel Joost am Strand mit dem Nebelhorn. Er nahm sie in den Arm und drückte sie ganz fest an sich. Und obwohl sie das sonst nicht wirklich leiden konnte: jetzt war sie einfach nur glücklich, dass sie die richtige Richtung eingeschlagen hatte und wieder zu Hause war.

Agnes-Dorothee Koss,
Bezirkskantorin

Gebet:
Manchmal weiß ich nicht weiter, Gott. Ich habe keine Ahnung, ob ich mich so entscheiden soll, oder anders. Wenn ich Freunde frage, dann sagen die einen dies und die anderen das Gegenteil. Ich wünsche mir, dass du einen Brief vom Himmel wirfst, wo genau drinsteht, was ich machen soll, wenn meine Situation mal wieder ganz verrückt ist. Klar weiß ich, dass das nicht passieren wird. Dann vertraue ich eben darauf, dass du mir trotzdem hilfst – auch wenn ich nicht immer weiß, wie.
Amen.

Du bist der Weg und die Wahrheit ...

EG 619   **F1 160**   **M2 106**

Material: Wanderkarte oder -führer, evtl. Rucksack mit Inhalt

Jeder von euch hat, wie ich auch, sicherlich schon einmal eine Wanderung gemacht. Und bevor ich losgehe, packe ich meinen Rucksack. Was denkt ihr, was ich da alles einpacke?
Vesperbrote, Trinkflasche, Obst, eine Tafel Schokolade, den Fotoapparat, Regenjacke, Geld, evtl. Kleidung zum Wechseln ...
Doch das Wichtigste fehlt noch: eine Wanderkarte oder einen Wanderführer. Es sei denn, ich gehe mit jemandem mit, der den Weg kennt. Dann kann ich mich ganz auf diese Person verlassen.

Mein Leben ist auch so eine Wanderung: da gibt es große Ebenen, wo ich ohne große Anstrengung gehen kann, wo es mir gut geht und ich keine Sorgen habe. Ich muss auch steile Berge überwinden, schwierige Aufgaben fordern die letzten Kraftreserven in mir heraus. Am gefährlichsten aber sind die Wüstengebiete. Hier kann ich mich verirren und in Lebensgefahr geraten. Es gibt Zeiten, wo ich nicht weiß, wo mein Lebensweg entlang geht, wo mir Halt und Orientierung fehlt.

Gerade in solchen Situationen benötige ich einen Menschen, der mir den richtigen Weg und das Ziel weist oder eine „Lebenslandkarte" – Jesus und die Bibel. Er ist es, der durch die Bibel zu uns spricht und uns führen und leiten will. So wie es in einem Lied heißt: „Du bist der Weg und die Wahrheit und das Leben. Wer dir Vertrauen schenkt, für den bist du das Licht. Du willst ihn leiten und ihm wahres Leben geben, ewiges Leben, wie dein Wort es verspricht."

Mit Jesus habe ich einen verlässlichen Begleiter, der sich in meinem Lebensweg bestens auskennt. Er versorgt mich mit dem nötigen Reiseproviant für mein Leben. Wie ein Hirte bringt er mich wieder auf den richtigen Weg, wenn ich mich verrannt habe und vor lauter Angst nicht mehr weiter weiß. Und er arbeitet mit und an mir, dass ich Anderen Jesus als Wegweiser weiterempfehlen kann.

Das Schöne an Jesus als meinem persönlichen Begleiter durchs Leben ist, dass er 24 Stunden mit mir geht und keine eingeschränkten Arbeitszeiten hat. Ich kann jederzeit seine Hilfe in Anspruch nehmen, ihn im Gebet anrufen und ihm meine Situation schildern und ihn bitten, dass er mir in der jetzigen Lage und in meinem weiteren Leben hilft und vorangeht.

Ich wünsche euch, dass ihr sein Angebot annehmen könnt und spürt, wie er euch durch eure „Lebenswanderung" führt.

Albrecht Schuler,
Landesjugendreferent ejw

Gebet:
Danke, Herr Jesus, dass du jederzeit bereit bist, die Führung in meinem Leben zu übernehmen. Nimm mich an deine Hand, damit ich nicht so oft von deinem für mich bestimmten Weg abweiche. Sei du die wichtigste Führungsperson in meinem Leben.
Amen.

Ein Licht geht uns auf EG 555 LJ 344

Ihr kennt das bestimmt: ihr sitzt zu Hause vor einer Textaufgabe der Mathematikhausaufgabe und kommt einfach nicht darauf, wie diese zu lösen ist. Ihr denkt nach und überlegt hin und her, wie das gehen kann. Und dann plötzlich ist klar, was gemeint ist, und nun kann losgerechnet werden. Eine plötzliche Idee hat euch geholfen – man sagt auch, dass euch ein Licht aufgegangen ist. Ein Licht, das den Weg zur Lösung weist und alles klar werden lässt.

In dem Lied geht es auch um ein Licht, das aufgegangen ist und immer wieder aufgeht. Licht wird es aber nicht nur bei einer Aufgabe oder ab einem Tag, sondern im ganzen Leben. Mit dem Dunkel sind Bereiche unseres Lebens gemeint, die durch Fehler und ein Leben ohne Gott undurchsichtig, schwierig und manchmal leidvoll geworden sind. Aber Gott will, dass unser Leben hell, fröhlich und voller Liebe ist. Deshalb schickt er uns das Licht. Dieses Licht ist Jesus Christus, Gottes Sohn. Gott hat ihn zu uns Menschen auf die Erde gesandt, damit er als Vorbild für uns lebt und mit uns ist. Nichts soll uns mehr von Gott trennen. Das Licht ist aber auch der Heilige Geist, ihn hat Gott uns geschickt, nachdem Jesus die Erde verlassen hat. Der Heilige Geist ist immer bei uns, in uns und um uns. Er will uns den Weg durch das Leben weisen, einen Weg, den Gott für uns vorgesehen hat und der für uns gut ist. Dabei will er uns begleiten, uns stärken und uns trösten. Damit wir nicht alleine sind, will er immer bei uns sein und uns ein Licht für unser Leben geben.

Regina Graeber,
Landesreferentin ejw,
Kantorin

Gebet:
Danke, lieber Vater im Himmel, dass du deinen Sohn zu uns auf die Erde gesandt hast, damit wir leben können. Danke auch, dass du uns den Heiligen Geist geschickt hast. So müssen wir nie alleine sein und dein Licht und deine Liebe kann immer für uns leuchten.
Amen.

Halte zu mir, guter Gott  LJ 549   JL 35

Zwei Freunde, Leon und Kevin, haben sich am Marktbrunnen verabredet. Kevin ist zuerst da und wartet. Nach kurzer Zeit sieht er Leon ganz aufgeregt auf sich zukommen. Leon ist noch einige Meter entfernt, da ruft er Kevin schon zu: „Ich muss dir unbedingt erzählen, was mir auf dem Weg hierher passiert ist. Als ich unten in der Robertstraße über den Zebrastreifen wollte, da brauste ein Auto voll auf mich zu. Im allerletzten Moment konnte ich noch wegspringen, sonst hätte der Typ mich voll erwischt. Gott sei Dank, dass mir da nichts passiert ist." Kevin schaut Leon nachdenklich an und meint: „Also wenn ich daran denke, was mir unterwegs alles hätte passieren können, da muss ich Gott danken, dass ich davon nicht einmal was gemerkt habe."

Es tut gut, sich unter einem sicherem Schutz zu wissen. Kevin wurde durch das Erlebnis von Leon wieder darauf aufmerksam, was alles passieren könnte. Und er weiß, bei wem er sich bedanken kann und soll.

Wenn wir uns an Gott wenden, dann sind wir bei dem, der wie kein anderer für uns sorgen und uns vor Gefahren schützen kann und es auch tut. Gott freut sich, wenn wir zu ihm kommen und mit ihm reden. Er hat jederzeit ein offenes Ohr und ist immer da. Am besten höre und spüre ich ihn, wenn ich selber zur Ruhe komme. Eine Pause tut mir gut, besonders dann, wenn mal wieder viel los ist. Und im Gebet mit Gott diese Pause zu verbringen, gibt mir Kraft und Geborgenheit. Dann kann wieder kommen, was will. Ich bin mir wieder neu bewusst, dass Gott bei mir ist. Wenn ich mit ihm rechne in meinem Leben, dann weiß ich mich sicher und geborgen.

Ich kann und soll mich immer wieder bei ihm bedanken. Gott tut viel für mich und hat meinen Dank verdient. Der König David sang in einem Lied (Psalm 103,2): „Lobe den Herrn, meine Seele, und vergiss nicht, was er dir Gutes getan hat". Danke sagen hilft gegen das Vergessen. Und vielleicht geht es Gott wie mir: Wenn ich für jemanden etwas gemacht habe und er bedankt sich dafür, dann helfe ich ihm das nächste Mal noch einmal so gern.

Hansjörg Weber,
Jugendreferent

Gebet:
Lieber Gott, ich danke dir,
dass ich immer zu dir kommen
kann. Du bist da für mich und hörst
mir immer zu. Wenn ich traurig bin
oder ängstlich, wenn ich fröhlich bin oder
glücklich. Ich danke dir, dass du mich auch
heute beschützen willst und viele Gefahren von mir abwendest. Dir
möchte ich mich anvertrauen. Mit
dir will ich durch diesen Tag /
diese Nacht gehen.
Amen.

Herr, das Licht deiner Liebe – Shine Jesus Shine

F1 89

Benötigtes Material: Taschenlampe

Ich habe euch passend zu dem Lied etwas mitgebracht, das ihr sicher alle kennt: eine Taschenlampe.

Wenn man sich diese Taschenlampe einmal genau anschaut, ist sie eigentlich total langweilig. Wenn man sie jedoch einschaltet, sieht das Teil schon besser aus, sie leuchtet und es wird selbst im dunkelsten Eck hell. Und genau das ist eine wichtige Aufgabe der Taschenlampe.

Ich denke jeder von euch kennt das. Beim Aufräumen seines Zimmers entdeckt man, dass z. B. ein Eurostück unter den Schrank gerollt ist oder ein Gameboyspiel fehlt – und dann geht die Sucherei los. Wohl dem, der eine Taschenlampe hat und so auch unter dem Bett oder unter dem Schrank suchen kann. Und wenn wir das Teil dann endlich im letzten Eck unter dem Schrank gefunden haben, dann ist doch die Welt wieder in Ordnung, oder?

Genau so ist Jesus. Er will die Taschenlampe für unser Leben sein. Mit seinem Licht will er uns nicht nur suchen, sondern auch den richtigen Weg zeigen. Du kannst dir jetzt sagen, ich komme doch auch ganz gut durchs Leben, ohne dass mir Jesus den Weg zeigt. Die Frage ist nur, wo wir dann in unserem Leben landen, und ob wir alleine unser Leben in den Griff bekommen oder sinnvoll füllen können. So, wie dir das Licht der Taschenlampe Hilfestellung ist, kann Jesus Hilfestellung für unser Leben sein.

Aber wie kann ich das Licht von Jesus erkennen? Schließlich lebt Jesus ja nicht mehr als Mensch unter uns. In der Bibel finden wir viele Geschichten, wie Jesus sich sinnvolles und gelingendes Leben vorstellt: z. B. anderen helfen, teilen, zuhören und vieles mehr. Insofern können uns diese Geschichten helfen, Jesus als „Taschenlampe" für unser Leben zu sehen.

Im Gegensatz zu einer Taschenlampe, die mit der Zeit immer dunkler wird und irgendwann ausgeht, wenn die Batterie leer ist, ist das Licht von Jesus aber immer und ewig für dich da. Er hat dich lieb, so wie du bist und möchte für dich da sein, wenn du ihn in dein Leben lässt.

Holger Schuster,
Konstrukteur,
Mitarbeiter Konfi-Arbeit

Gebet:
Vater, ich möchte dir danken, dass du das Licht in unserem Leben sein möchtest und uns immer den richtigen Weg zeigen willst. Amen.

Jesus, zu dir kann ich so kommen, wie ich bin

F1 82

Schon die ganze Woche über graut es Petra vor dem heutigen Tag. Es ist die fünfte Stunde und sie haben Sportunterricht. Vorturnen auf Noten ist für heute angesagt. Den ganzen Tag hat sie schon Bauchweh. Sie hasst Turnen – am meisten den Barren. Da hängt sie nun wie ein nasser Sack und soll einen Aufschwung machen. Die anderen Mädchen stehen schon ungeduldig in der wartenden Schlange, schauen verschämt, manchmal auch etwas mitleidig zu ihr herüber, tuscheln und kichern. Petra fühlt sich schlecht – mit Müh und Not schafft sie eine Vorwärtsrolle und gibt auf. Mit rotem Gesicht und Tränen in den Augen geht sie an den andern vorbei und verschwindet auf der Toilette. Sie schließt sich ein und lässt ihren Tränen freien Lauf. Sie hat mal wieder versagt. Und wieder kriecht das Gefühl in ihr hoch, nichts und niemandem zu genügen ...

Vielleicht kommt dir diese Situation bekannt vor. Du hast das Gefühl, nichts zu taugen und gar nichts zu können. In Mathe bist du schlecht, du kannst nicht gut zeichnen und irgendwie haben alle einen besten Freund, nur du stehst immer alleine auf dem Schulhof in einer Ecke und langweilst dich.

Du denkst vielleicht, dass es nur dir so geht. Doch jeder kennt solche Situationen und Phasen in seinem Leben. Und da hinein will dieses Lied sprechen. Es erinnert uns daran, dass bei Jesus andere Maßstäbe zählen. Er verlangt nicht, dass wir gute Noten haben, Mathe checken oder immer gut drauf sind. Er nimmt uns so an, wie wir sind. Ihm müssen wir nichts beweisen. Denn er kennt uns durch und durch. Er weiß um unsere Stärken und unsere Schwächen. Darum können und brauchen wir uns auch nicht zu verbiegen oder zu verstecken. In Gottes Gegenwart können wir aufatmen, innehalten und uns neu auf ihn konzentrieren. Wir können wir selbst sein. Dazu regt uns dieses Lied an.

Wie geht das? Zu Gott können wir kommen, indem wir ein Gebet sprechen oder einfach still werden. So geben wir Gott die Möglichkeit, dass er uns verändert.

Und wenn wir ungeduldig mit uns selbst sind, wenn wir uns wünschen, dass wir mehr verändern können, dass sich alles zum Besten wendet? Dann lehrt uns Gott Geduld. Wenn wir es möchten, macht er sich mit uns auf eine Reise, die Veränderung heißt. So lehrt er uns Vertrauen und Zuversicht. Gerade dann, wenn in unserem Leben Dinge nicht so laufen, wie sie sollten. Wenn wir Fehler machen und richtig Mist bauen. Dann wird unser Blick von uns weg auf ihn gelenkt. Von unserer Kraft und unserem Können auf seine Kraft und seine Nähe. Dann wird unsere Schwäche zur Stärke.

Melanie Häußler,
Floristin,
Jugendmitarbeiterin

Gebet:
Vater, ich danke dir,
dass wir uns vor dir nicht
verstellen müssen, sondern
ganz echt sein dürfen. Danke,
dass du uns so annimmst, wie wir
sind. Schenke uns den Mut und
das Vertrauen, dich immer mehr
in unser Leben zu lassen. Und
übernimm du die Führung
in unserem Leben.
Amen.

Jesu geh voran auf der Lebensbahn

EG 391 **LJ 221**

Sicher habt ihr bei dem Spiel gerade ganz unterschiedliche Erfahrungen gemacht. Manchmal ist es ganz praktisch, jemand einfach nur nachlaufen zu müssen, manchmal kann es auch langweilig werden, wenn eine Bewegung zu lange gemacht wird, oder anstrengend, wenn ihr einen besonders sportlichen „Simon" als Anführer hattet. Auch im ganz normalen Alltag gibt es dafür Beispiele.

Habt ihr zum Beispiel schon einmal mit mehreren Familien einen Ausflug gemacht? Bevor es losgeht besprechen dann meistens die Erwachsenen die Strecke, die man fahren muss, um ans Ziel zu kommen. Irgendwann sagt dann jemand: „Wisst ihr was, wir fahren einfach in Kolonne, dann kommen alle an." Damit meint er dann, dass einer, der den Weg weiß, vorne fährt und die Anderen ihm einfach folgen. Aber da kommt es ganz schön darauf an, wer im vorderen Auto sitzt. Er muss den Weg genau kennen, keine Umwege fahren, darauf achten, dass alle mit seinem Tempo mitkommen und auch immer wieder Pausen einplanen. Besonders wichtig ist es, dass er rechtzeitig mit der Warnblinkanlage die anderen auf Gefahren wie z. B. einen Stau aufmerksam macht. Wer vorne fährt, kann nicht einfach machen, was er will, er muss auf die Anderen Rücksicht nehmen, weil die ihm vertrauen und sich auf ihn verlassen.

Bei dem Lied „Jesu geh voran ..." wird genau diese Situation beschrieben. Einer geht voraus und wir können uns auf ihn verlassen und ihm hinterher gehen. In diesem Fall gilt das nicht nur für einen Sonntagsausflug, sondern für ein ganzes Leben. Das Lied zeigt, wie Jesus uns Kraft geben kann, wenn es uns schlecht geht. Oder wie wir lernen, damit zurecht zu kommen, wenn Schwierigkeiten wie eine schwere Krankheit oder eine zerbrochene Freundschaft auftauchen.

Es ist klasse zu wissen, dass Jesus auch mitgeht, wenn der Lebensweg holperig wird. Gerade dann können wir uns darauf verlassen, dass er uns auch „die nötige Pflege" gibt. Das kann durch unsere Eltern sein, die uns trösten, oder durch Freunde, die uns auf andere Gedanken bringen oder uns zuhören. Es ist einfach immer wieder wichtig darüber nachzudenken, wem ich gerade hinterher laufe und wem ich mein Vertrauen schenke.

Hanna Fischer,
Bezirksjugendreferentin

Methodischer Hinweis 2:
Die Sprache des Liedes ist für Kinder sehr altmodisch. Daher bietet es sich an, den Text des Liedes mit den Kindern durchzugehen, damit sie ihre eigenen Worte finden können.

Kommt atmet auf EG 639 F1 173

Bist du schon einmal hinter einem Bus gestanden, als der losfuhr? Ein stinkender Schwall übler Abgase bläst dir da entgegen. Oft halte ich für einen Moment die Luft an, aber auch danach stinkt die Luft immer noch.

Stell dir vor, du bist nach einem Regen im Wald oder sonst wo in der Natur. Jetzt kommt die Sonne raus und wärmt dich. Es ist kein Verkehr zu hören, weil du weit weg bist von allen Straßen. Wenn du nun atmest, dann riecht die Luft ganz frisch. Das tut gut.

Davon haben wir eben gesungen: „Kommt atmet auf, Ihr sollt leben." Bei Gott kannst du aufatmen, da fühlst du dich frei, wie an einem tollen Tag draußen.

Als Junge habe ich einmal über den Zaun hinüber unsere Nachbarin ganz übel beschimpft. Das hat aber auch meine Mutter gehört. Sie nahm mich zur Seite und musste gar nicht viel sagen. Mir war schnell klar, dass das nicht recht war. Aber meine Mutter forderte mich nun auf, zur Nachbarin zu gehen. Ich sollte mich entschuldigen. O je, das war schwer. Wie leicht hatte ich die Schimpfworte gesagt. Aber nun hinübergehen und an der Türe klingeln, das war furchtbar schwer. Und doch habe ich's getan. Etwas stotternd habe ich mich entschuldigt. Da ging ein Leuchten über ihr Gesicht. Unendlich erleichtert kehrte ich von der Nachbarin zurück. Sie hatte mir vergeben. Da war mir plötzlich so leicht. Bestimmt ging es dir auch schon so. Auch, wenn wir immer wieder Dinge falsch machen, vergibt uns Gott und nimmt uns an, wie wir sind. Da können wir aufatmen. Wir fühlen uns richtig erleichtert.

[Zweiminütigen Austausch durchführen – siehe Methodischer Hinweis]

Methodischer Hinweis:
Immer zwei, die nebeneinander sitzen, tauschen sich zwei Minuten darüber aus, welche Unterschiede sie bei sich entdecken (z. B. Größe, Haarfarbe ...). Evtl. kurz ein paar Unterschiede nennen lassen.

Ihr habt ja viele Unterschiede entdeckt. Stellt euch vor, ich würde jetzt etwas Süßes verteilen. Aber nicht jede und jeder würde etwas kriegen, sondern nur die mit blonden Haaren, oder die größer sind als ... [Name eines Kindes der Gruppe einsetzen]
Das wäre unfair. Wenn ich oder ein Lehrer oder eure Eltern so etwas machen, dann findet ihr das echt gemein.

Unser „Lied zum Aufatmen" beschreibt Gott ganz anders: „Ihr seid eingeladen, Gott liebt alle gleich. Er trennt nicht nach Farbe, nicht nach arm und reich. Er fragt nicht nach Rasse, Herkunft und Geschlecht. Jeder Mensch darf kommen. Gott spricht ihn gerecht." Egal, wie deine Haarfarbe ist, ob du groß bist oder klein, Junge oder Mädchen, Gott freut sich über dich. Gott macht keinen Unterschied, ob deine Familie komplett ist, oder ob da jemand fehlt. Ob du gute Noten abräumst oder schlechte nach Hause bringst: Gott hat dich gern und nimmt dich genau so an, wie du bist.

Gebet:
Lieber Gott, danke, dass du uns genau so gerne hast, wie wir sind. Danke dass wir immer zu dir kommen können und du uns verstehst. Bei dir können wir aufatmen. Nichts kann uns von dir trennen!
Amen.

Markus Häfele,
Landesjugendreferent ejw

Gott liebt diese Welt

EG 409   **LJ 227**

Du hast das sicherlich schon mal gehört: Ich hab dich lieb! Deine Mutti sagt es dir manchmal und freut sich, dass es dich gibt. Das klingt vielleicht manchmal komisch und vielleicht magst du es auch im ersten Moment nicht so, aber es tut gut. Sie hat dich schließlich lieb!

Methodischer Hinweis:

Überlegt euch, wo und warum ihr immer wieder Abkürzungen für „Ich mag dich" oder „Ich liebe Dich" schreibt.

Fragt euch, wie es sich anfühlt, wenn man „Ich liebe dich" sagt und wenn man es gesagt bekommt.

Malt ein Plakat mit Dingen, die ihr an dieser Welt liebt und dichtet vielleicht eine Strophe für das Lied dazu.

Vielleicht hat dir deine Freundin / dein Freund auch schon mal „Ich hab dich lieb" gesagt – da klingt das dann gar nicht mehr so komisch. Da fühlt man sich nur noch gut, es kribbelt so richtig im Bauch und man ist froh, dass der andere da ist.

Ich mag dich! Ich hab dich lieb! Schön, dass du da bist! Schön, dass du bei mir bist! Ich freue mich, dass es dich gibt.

Gott sagt uns auch: „Ich hab dich lieb." Er sagt es uns jeden Tag mit all den Dingen, die wir tagtäglich wunderbar erleben. Mit der Sonne, dem Regen, den Blumen, den Wiesen, den Tieren. Er hat uns lieb. Er ist froh, dass es uns gibt. Und auch wir können froh sein, dass es ihn gibt. Er ist für uns da und wir sind bei ihm geborgen. Gott hat uns lieb und noch vielmehr. Er liebt diese Welt. Er liebt all das, das er geschaffen hat und was auf der Erde existiert. Er liebt diese Welt und er achtet darauf. Er achtet auf uns und auf das, was in der Welt passiert.

Ich mag dich! Ich hab dich lieb! Schön, dass du da bist! Schön, dass du bei mir bist! Ich freue mich, dass es dich gibt – Ich liebe dich!

Ihr schreibt sicherlich auch unter jede SMS HDL oder HDGDL. Gott schreibt das nicht unter uns, sondern über uns, damit wir es immer wieder sehen. Und er schreibt viel mehr als das, er schreibt ICH LIEBE DICH! Und weil er diese Welt liebt, hat er seinen Sohn auf die Erde gesandt.

Ich wünsche dir, dass du die Liebe Gottes immer wieder neu erkennst und dich in dieser Liebe geborgen fühlst.

Gott liebt diese Welt!

Michael Dornheim,
Diplom-Wirtschaftsinformatiker,
Kirchengemeinderat

He's got the whole world

JL 76   **LJ 517**   **M1 188**

Samuel ist neun. Vor einem halben Jahr ist er mit seinen Eltern aus Nigeria nach Deutschland gezogen. Freunde hat er keine; die anderen Kinder lachen ihn aus, weil er noch schlecht Deutsch spricht, dunkelhäutig ist und viel kleiner als die meisten anderen. Oft ist er deswegen traurig, er würde gern mit anderen Kindern spielen, so wie in Nigeria. Doch die Mitschüler wollen nichts von ihm wissen. In der Schule bekommt er keine guten Noten, weil er viele Dinge nicht richtig versteht und im Sportunterricht sind die Anderen auch besser; nicht einmal Fußball spielen kann er. Wenn er nachmittags allein zu Hause ist, denkt er oft darüber nach. Er ist ein Versager, ganz klar. Er ist klein, hässlich und dumm. Klar, dass die Mitschüler ihn nicht mögen. Niemand mag ihn. Er ist nur dazu da, um ausgelacht zu werden. Damit die Anderen ihren Spaß haben.

Gestern haben sie im Religionsunterricht ein Lied gesungen: „He's got the whole world" – „Er hält die ganze Welt". Der Religionslehrer hat gesagt, Gott habe alle Menschen lieb und sei immer bei ihnen, egal ob sie groß oder klein sind, reich oder arm. Auch die Natur habe er geschaffen und beschütze sie genauso wie die Menschen.

Damit kann er, Samuel, nicht gemeint gewesen sein, mit dieser ganzen Welt. Sicher ist er vergessen worden. Ihn hat niemand lieb. Und wie soll das auch gehen, dass dieser Gott immer an alles und jeden denkt? Nein, das trifft auf ihn nicht zu. Das ist ausgeschlossen.

Am nächsten Tag trifft Samuel auf dem Weg zur Schule Tobias und Marc. Sie wohnen gleich nebenan. Aber anders als sonst rennen sie nicht schreiend weg und lachen, als sie ihn sehen, sondern warten auf ihn. „Du bist aber auch ziemlich spät dran heute. Komm, wir müssen uns beeilen!", ruft ihm Marc zu. Und im Sportunterricht wählt ihn Tobias beim Brennball sogar in seine Mannschaft – und das nicht wie sonst als Letzten. Samuel freut sich, zum ersten Mal macht ihm das Spiel Spaß und er kann es auch gleich viel besser.

Danach haben sie noch Mathematik. Sie bekommen ihre Klassenarbeit zurück. Samuel hat eine zwei. Rechnen konnte er schon immer ganz gut, aber er hatte Probleme, die Aufgaben auf Deutsch zu verstehen. Doch auch das hat er dieses Mal geschafft.

Nach der Schule warten Tobias und Marc wieder auf ihn. Sie gehen zu dritt nach Hause. Und bevor sie sich voneinander verabschieden sagt Tobias: „Wir treffen uns heute Mittag um 14.00 Uhr am Sportplatz. Komm doch auch!" Überglücklich sagt Samuel zu. Während er ins Haus geht, denkt er über alles, was ihm heute passiert ist, und den Religionsunterricht gestern nach.

Vielleicht war das also doch nicht so falsch, was der Religionslehrer gesagt hat? Mit Gott, der die ganze Welt in Händen hält, der alle gleich mag und alle beschützt. Der keine Unterschiede macht zwischen Dicken und Dünnen, Großen und Kleinen. Und ohnehin: wenn er ein schlechterer Mensch wäre, warum sollte Gott ihn dann überhaupt geschaffen haben? Also sind wohl doch alle gleich vor ihm, vor Gott, und er ist immer und überall für jeden Einzelnen von uns da. Wenn das nicht der schönste Tag seines Lebens ist.

Konrad Müller,
Student, Jungbläserleiter,
stellvertretender
Posaunenchor-
leiter

Gebet:
Lieber Gott,
oft geht es uns wie Samuel. Wir fühlen uns allein, ausgeschlossen, missverstanden, ungeliebt. Wir sind verzweifelt und wissen nicht weiter, sehen keinen Ausweg. Doch du bist bei uns, auch dann. Du hältst uns in deiner Hand und beschützt uns. Du führst uns und hilfst uns. Egal, wer wir sind, wo wir herkommen, welche Sprache wir sprechen, ob wir hell oder dunkel sind, groß oder klein, du machst keine Unterschiede, magst uns so, wie wir sind. Du hast jeden Einzelnen von uns geschaffen, so wie du es für gut hieltest. Dafür, dass wir nie allein sein müssen, sondern dich immer an unserer Seite wissen, möchten wir dir danken. Sei du auch morgen und alle Tage bei uns und halte uns in deiner schützenden Hand.
Amen.

Meinem Gott gehört die Welt EG 408 LJ 226

„Das gehört aber mir und nicht dir!" Solche Sätze hast du sicher schon oft gehört. Vielleicht nervt dich dein Bruder oder deine Schwester damit. Aber hast du mal nachgedacht, wem alles gehört? Dazu gibt es nur eine Antwort. Es gehört Gott. Er hat alles geschaffen und möchte uns damit beschenken. Ihm gehört nicht nur die ganze Welt mit allen Blumen, Pflanzen, Bäumen und sonstigen tollen Sachen. Auch der Himmel mit der Sonne, dem Mond, allen Sternen, und was wir sonst sehen, gehört ihm. Also gehört auch dein und mein Leben Gott. Er schenkt es uns und möchte uns jeden Tag begleiten und bewahren.

Stell dir vor, es regnet und du stehst unter einem Schirm. Du wirst nicht nass und fühlst dich geborgen. Oder kennst du Zeiten, in denen du Angst hast? Da braucht man jemanden, zu dem man kommen kann. Wenn du zu Mama oder Papa kannst und sie den Arm um dich legen, ist alles schnell vorbei. So darfst du immer zu Gott kommen. Gott weiß, was du jeden Tag brauchst. Wenn du vor Klassenarbeiten aufgeregt bist oder deine Fahrkarte verlegt hast. Sag es Gott! Er hilft dir weiter. Sicher hast du ein Hobby, gehst reiten oder spielst Fußball. Auch damit möchte dich Gott beschenken. Jede Freundschaft soll dir zeigen, wie gut er es mit dir meint. Freunde sind wichtig und machen das Leben schön. So ein Freund möchte Gott für dich sein. Er gibt dir nicht nur Essen, Trinken und Kleidung, er möchte dich durch das ganze Leben tragen. Wenn wir schuldig geworden sind, dürfen wir ihm alles sagen. Er vergibt uns. Auch wenn es Probleme und Schwierigkeiten gibt, darfst du sicher sein, dass er für dich da ist. Das gilt immer. Du bleibst sein Kind. Das ist doch klasse, oder?

Thomas Frank,
Handelsfachwirt,
Bezirksposaunenwart

Gebet:
Lieber Gott, obwohl dir alles gehört und du so groß bist, schenkst du mir alles, was ich brauche. Bei dir bin ich geborgen und ich darf dir alles sagen. Du hörst und liebst mich. Amen.

Neue Schritte wagen F1 202

Spurensuche hatte im Monatsprogramm der Jungschar gestanden. Und irgendwas von festem Schuhwerk, winterfester Kleidung, Handschuhe, Mütze und so. Als sie sich trafen, merkten sie, dass es ein saukalter Wintertag war. Tobi erklärte, wie super es sei, dass es vor zwei Tagen frisch geschneit hätte, und dass das klare kalte Wetter für das Geländespiel „Spurensuche" geradezu ideal sei.

Methodischer Hinweis:
Aus schwarzem Karton Fußspuren ausschneiden. Diese Spuren werden so ausgelegt, dass die Gruppe den Spuren folgen muss und darüber einen anderen Raum erreicht.

Die Jungs waren rasch in vier Kleingruppen eingeteilt, Max und Heiko hatten ein wenig geschummelt, damit sie in eine Gruppe kamen. Max hatte von Tobi die Unterlagen – Karte, Kompass, Aufgabenbeschreibung in die Hand gedrückt bekommen. Und ab ging die Post. Sie hatten einen Weg von einer Dreiviertelstunde vor sich, um das alte Forsthaus zu erreichen. Sie waren eine lustige Gruppe. Schneebälle flogen, Witze wurden erzählt. Doch nach einer Stunde waren sie weder am alten Forsthaus noch sonstwo. Sie hatten sich verlaufen. Max hatte vergessen, auf die Karte zu schauen. Nun wurde es spannend. „Dort drüben, hinter der Kuppe." „Nein, erst ins Tal zurück!" „Quatsch, quer durch den Wald."

Doch plötzlich stand er da. Stiefel, abgeschabte Klamotten, Mütze wie Waldarbeiter sie tragen. Er sagte nichts und die Jungs verstummten. Er sah, dass Max die Karte in der Hand hatte. Durch eine Kopfbewegung ließ er sich erklären, wo sie eigentlich hinwollten. Kopfnickend brummte er. Dann kam ein Satz: „Bleibt in meiner Spur."

Einigen Jungs war es etwas mulmig. Sollten sie nicht auf eigene Faust einen Weg suchen? Getuschel ging los. Vielleicht ist die andere Richtung genau richtig? Ob der Typ den Weg kennt? Vertrauenswürdig sah er nicht aus.

Max allerding stiefelte ohne mit der Wimper zu zucken exakt in der Spur des Waldarbeiters. Wenn Max ging, dann ging auch Heiko. So hatten die anderen keine Chance und wackelten hinterher.

Von einem fast typgleichen Erlebnis erzählt uns der Schreiber des Johannesevangeliums in der Bibel (Johannes 1,37). Es war nicht an einem saukalten Wintertag, sondern an einem relativ heißen Sommertag am See Genezareth. Da kommt Jesus vorbei. Es gab schon viele Gerüchte über ihn, wer er sei und wohin er wollte. Zwei junge Männer sind neugierig, möchten mehr von ihm wissen und gehen hinter Jesus her. Als Jesus das merkt, fragt er sie: „Was sucht ihr?" Sie sagen: „Rabbi (das heißt Lehrer), wo wohnst du, wir möchten mehr von dir wissen." Jesus gibt die coole Antwort: „Kommt und seht. Bleibt in meiner Spur. Folgt mir nach."

Jesus überlistet Menschen nicht. Er trickst sie nicht aus. Überredet sie nicht. Sondern er lädt ein: „Folge mir nach. Bleib in meiner Spur. Dreh deine Nase in meine Richtung."

Schritte wagen. Wie die Jungscharjungen, die in der Spur des Waldarbeiters sicher am alten Forsthaus ankamen. Folge mir nach, das heißt auch: beweg dich. Bleib nicht stehen. Weder auf der winterlichen Waldlichtung beim Geländespiel noch am Ufer des See Genezareth. Die Schritte musst du selbst wagen. Schritte auf dem Weg deines Lebens, Schritte auf dem Weg des Glaubens kannst nur du selbst tun. Schritt für Schritt, kein anderer kann sie für dich gehen. Wer hocken bleibt, der sieht nix, hört nix, weiß nix, erlebt nix.

Darum macht es Sinn, Vertrauen zu wagen. Wie die Jungs beim Geländespiel, wie die Jünger Jesu am See Genezareth.

Manfred Bletgen,
Studienleiter Bernhäuser Forst i. R.

Gebet:
Da das Lied Jesus direkt anredet, dieses Lied zum Schluss bewusst als Gebet singen.

Mein Gott ist spitze   JL 107

Welchen Fußballstar findest du toll? Welcher Popstar gefällt dir besonders gut? Kennst du Menschen, die für dich so eine Art Vorbild sind? Wenn du alle Namen auf einen Zettel schreiben würdest, wäre diese Liste bestimmt ganz schön lang. Ich bin mir sicher, dass dir eine Menge Leute einfallen. Vielleicht ist auch Jesus Christus dabei. „Jesus Christus? Was soll der denn auf so einer Liste?", werden manche sagen. Für andere ist es keine Frage. Jesus Christus ist ein tolles Vorbild. Er hat auf der Erde mit seinen Freunden, man nennt sie auch Jünger, viele tolle, beeindruckende Dinge erlebt. Er hat geholfen, wo er konnte. Er hat Menschen gesund gemacht. Blinde konnten wieder sehen. Menschen, die ans Bett gefesselt waren, half er wieder gehen zu können. Taube, gehörlose Menschen hat er hörend gemacht. Er hat sich auf die Seite der Schwachen gestellt. Er hat sich für sie eingesetzt.

Interessant finde ich, dass Jesus nie jemanden zu irgendetwas gezwungen hat. Das wollte er nämlich nicht. Jede und jeder sollte frei entscheiden, wie er leben will.

Das gilt auch heute noch. Wir können und sollen selbst entscheiden, was wir tun. Jesus kann uns dabei helfen, richtige Entscheidungen in unserem Leben zu treffen. Deshalb kann man mit Recht sagen, dass er ein tolles Vorbild für uns ist.

Stell dir mal folgende Situation vor: Da ist in deiner Schulklasse ein Typ, der nicht besonders beliebt ist. Vielleicht hast du dich auch schon gefragt, weshalb das so ist. Vielleicht ist derjenige eigentlich ganz ok. Nur weil die Mehrheit in deiner Klasse meint, er sei blöd, ist er zum Außenseiter geworden.

Das muss aber nicht so bleiben. Was würde Jesus denn in solch einem Fall machen? Ich bin mir sicher, dass er mit demjenigen reden würde, dass er sich für ihn interessieren würde. So hat er es oft gemacht, z. B. als er dem Zöllner Zachäus begegnet ist. Der war ganz überrascht, dass ausgerechnet Jesus sich für ihn interessierte. Es war das erste Mal in seinem Leben, dass er ernst genommen wurde. Er hatte zu viele Steuern von den Menschen gefordert und war deshalb total verhasst. Niemand wollte etwas mit ihm zu tun haben. Er war also ein Außenseiter. Jesus störte das überhaupt nicht. Er hat sich sogar bei Zachäus eingeladen. Zachäus war schließlich so froh über Jesu Besuch, dass er eine ganze Menge seiner Ersparnisse den Menschen zurückgab.

Stell dir vor, der Außenseiter in deiner Klasse hat gar nichts Schlechtes getan und ist nur aus Versehen zum Außenseiter geworden. Wäre das nicht toll, wenn du mal mit ihm Kontakt aufnehmen würdest? Das wäre genau das, was Jesus auch getan hätte. Vielleicht entsteht daraus ja eine tolle Freundschaft.

Solche und ähnliche Erfahrungen wirst du machen, wenn du Dinge tust, die unbequem sind, aber anderen helfen und dir guttun. Solchen Mut und solche tollen Erfahrungen wünsche ich dir. Dann steht Jesus bestimmt auf deiner Vorbilder-Liste auf Platz 1. Dann kannst du sagen: „Ja, mein Gott ist spitze!"

Michael Püngel,
Landesjugendreferent ejw

Gebet:
Lieber Gott.
Ich finde es echt gut, dass es dich gibt. Mit dir kann ich über alles reden. Manchmal wünsche ich mir, ich könnte dich besser spüren. Aber ich vertraue darauf, dass du da bist immer und alle Zeit.
Amen.

Vater ich komme jetzt zu dir   F1 90

Wie an jedem Wochenende war Evi mit ihren Eltern zum Einkaufen unterwegs. Gemeinsam fuhren sie mit dem Auto in die Stadt, um im Kaufhaus ihre Besorgungen zu machen. Evi freute sich auf das Einkaufen, denn in der großen Spielzeugabteilung, die es im Kaufhaus gab, konnte sie, solange die Eltern mit den Besorgungen beschäftigt waren, all die tollen Dinge anschauen, die es dort gab.

Auch an diesem Wochenende ließen die Eltern Evi in der Spielzeugabteilung zurück und versprachen wie immer, sie dort später abzuholen. Begeistert sah sich das Mädchen um. Hier gab es alles, was man sich nur wünschen konnte: Puppen, ferngesteuerte Autos, Puzzles, Bälle, Teddybären, Bilderbücher und vieles mehr.

Der Vormittag verging und irgendwann hatte Evi alles gesehen, was es an Spielsachen zu kaufen gab. Ihr wurde langweilig. Mussten nicht langsam ihre Eltern wieder kommen und sie abholen? Oder waren sie vielleicht schon gegangen und hatten sie vergessen? Evi wurde unruhig. Sie lief in Richtung Kasse. Vielleicht standen ihre Eltern dort an. Doch an keiner Kasse konnte sie ihren Vater oder ihre Mutter entdecken. Sie lief zurück, rannte durch die Gänge, suchte im zweiten Stockwerk, im dritten. Nirgends waren die Eltern zu finden.

Entmutigt kehrte sie in die Spielzeugabteilung zurück und setzte sich auf den Boden. Tränen rollten ihr über die Backen. Was sollte sie tun? Als sie aufschaute, sah sie plötzlich ihren Vater am Ende des Ganges stehen. Evi sprang auf und rannte ihm entgegen. „Papa!", rief sie erleichtert und lief in die geöffneten Arme ihres Vaters. „Gut, dass ich dich wiedergefunden habe!"

Sicher hast du schon einmal eine ähnliche Situation erlebt, bei der du dich einsam und verlassen gefühlt hast. Auch in einer Gruppe kann man einsam sein, wenn man merkt, dass man von den anderen ausgegrenzt wird.

Gott grenzt niemanden aus! Gott ist immer da! Wenn du zu ihm betest, kannst du mit ihm sprechen und er hört dir zu. Denn er liebt dich. Gott hält seine Hände über dich und kümmert sich um dich wie ein Vater um sein Kind.

Ich wünsche mir, dass wir jeden Tag spüren, dass Gott uns wie ein Vater liebt.

Christian Scheiffele, Christoph Püngel, Johnny Kuch, Markus Blocher, Jungbläserleiter

Wo ein Mensch Vertrauen gibt

EG 638   LJ 651   M1 204

Methodischer Hinweis:

Voraussetzung:
Die Teilnehmer sollten sich schon längere Zeit kennen, damit sie sich darauf einlassen können.
Die Teilnehmer gehen paarweise zusammen, einem werden die Augen verbunden und der andere führt ihn an der Hand durch den Raum, das Haus, etc.. Nach einer Weile wird gewechselt.

Material: Augenbinden

Mit der Augenbinde konnte ich nichts sehen. Ich war an der Hand eines anderen und musste mich darauf verlassen, dass er gut mit mir umgeht. Ich musste ihm vertrauen und darauf hoffen, dass er mein Vertrauen nicht missbraucht und mir weh tut.

Wo habe ich schon erlebt, dass ich mich auf jemanden verlassen kann? Gerade, als ich mich an der Hand meines Partners sicher gefühlt habe? Oder: Ein Freund hat mir aus einer schwierigen Situation geholfen? Oder meine Eltern sind für mich da, wenn ich sie brauche? Wo wurde mein Vertrauen missbraucht? Ich hoffe, ihr musstet das nur selten erleben. Eine Freundin erzählt ein Geheimnis über dich weiter, das du ihr anvertraut hast. Oder die Eltern haben etwas versprochen, aber nicht gehalten. Die Enttäuschung ist dann groß. Je lieber ich die Person habe, desto mehr tut dieser Vertrauensbruch weh.

Jemand anderem zu vertrauen, fällt mir manchmal sehr leicht und manchmal auch ziemlich schwer. Aber jedes Mal, wenn ich jemandem vertraue, dann fällt dieser Tropfen Regen, der aus Wüsten Gärten macht. Dann ist es möglich, dass ich diese Person näher kennenlernen kann und wir vielleicht Freunde werden. Je öfter ich merke, dass ich vertrauen kann, desto fester wird die Freundschaft, desto mehr blüht unser gemeinsamer „Freundschaftsgarten". Freundschaft lebt davon, dass ich nicht nur an mich selber denke, nicht nur mich selbst sehe, sondern auch den anderen. Wo ich jemandem vertraue, da lasse ich mich auf den anderen ein und erfahre, dass ich nicht allein bin.

Gebet:

Jesus ich danke dir, dass du immer für mich da bist. Du hast den Menschen vertraut und ihnen geholfen, dass sie dich erkennen und anderen Menschen vertrauen konnten. Hilf auch mir, dass ich auf andere Menschen im Vertrauen zugehen kann und so viele „Freundschaftsgärten" entstehen können. Danke, dass du mich dabei unterstützt.

Amen.

Mit Jesus haben wir einen Freund an unserer Seite, dem wir voll und ganz vertrauen können. Jesus liebt uns so sehr, dass er sein Leben für uns eingesetzt hat. Er hat uns damit die Möglichkeit gegeben, dass wir nach Enttäuschungen neu aufeinander zugehen und uns gegenseitig verzeihen. Und Jesus lässt uns dabei nicht allein. Er sagt: Ich bin bei euch jeden Tag, bis diese Welt untergeht. Ich bin bei dir, egal, was auch passiert. Du kannst dich auf mich verlassen. Wenn du lachst oder weinst, ich bin da. Wenn du viele Freunde hast oder dich ganz alleine fühlst, ich bin da. Wenn du die ganze Welt umarmen könntest oder vor etwas Angst hast, ich bin da. Ich lasse dich nicht allein.

Hansjörg Weber, Jugendreferent

Komm, sag es allen weiter

EG 225   **LJ 142**   **M1 77**

Max geht wie fast jede Woche am Montagabend in die Jungschar. Unterwegs fragt er sich, was sie heute wohl machen werden. Als er in den Hof vom Gemeindehaus einbiegt, merkt er gleich, dass es etwas Besonderes sein wird. Hansi, der Jungscharmitarbeiter, steht vor der Tür mit mehreren Blättern in der Hand, daneben ein riesiger Stapel Bücher.

Als alle da sind, ergreift Hansi das Wort. Er erklärt Max und seinen Jungscharfreunden, was sie in den nächsten eineinhalb Stunden erwartet: sie sollen unterschiedliche Leute im Dorf besuchen, ihnen erzählen, dass sie gerade mit der Jungschar unterwegs sind, erklären, was sie in der Jungschar machen und eine Bibel überreichen. Als Kontrolle sollen die Personen auf dem Zettel folgenden Satz unterschreiben: „Ich habe eine Bibel überreicht bekommen – vielen Dank!" Bei dem Spiel geht es darum, möglichst viele Bibeln zu verschenken.

Max ist von der Aufgabe begeistert. Als die Mannschaften feststehen, schnappt er sich gleich den größten Stapel Bibeln. Ein Kumpel nimmt Blatt und Stift unter den Arm und es geht los: zuerst nach Hause, den Eltern und Geschwistern eine Bibel überreichen, danach den Großeltern.

Und jetzt? „Ich kann doch meinem Nachbarn keine Bibel bringen", überlegt Max. „Das ist doch peinlich, da bin ich ja blamiert." Gemeinsam mit seinen Freunden überwindet er sich, auch Leuten, die er nicht so gut kennt, eine Bibel zu bringen. Schließlich wollen sie ja das Spiel gewinnen.

Dieselbe Aufgabe, die Hansi Max und seinen Freunden in der Jungschar gestellt hat, stellte Jesus seinen Jüngern. Sie sollen natürlich keine Bibeln verteilen, weil diese ja noch gar nicht geschrieben war; aber Jesus fordert seine Jünger auf, allen Menschen, denen sie begegnen, von ihm zu erzählen – mehr noch: die Jünger sollen den Menschen sagen, dass es sich lohnt so zu leben, wie Jesus es uns vorgemacht hat (Matthäus 28,18–20).

Was Jesus seinen Jüngern aufgetragen hat, wünscht er sich auch von dir. Jesus möchte dir Mut machen, dass du deinen Schulfreunden, deinen Kumpels von ihm erzählst. Denn Jesus ist der beste Freund, den wir uns vorstellen können.

Wir singen jetzt gemeinsam ein Lied, das uns Mut macht, von Jesus weiterzuerzählen: „Komm, sag es allen weiter" ...

Andy Klooz,
Jugendreferent

Gebet:
Jesus, ich möchte
dir danken, dass wir hier
von dir und deinem Leben
hören. Ich möchte dich bitten,
dass wir es nicht alleine für uns
behalten, sondern den Mut
haben, unseren Freunden
von dir zu erzählen.
Amen.

Wenn das Brot, das wir teilen

GL 81   WW 86

Methodischer Hinweis 1:
Gemeinsam das Lied am Anfang der Andacht singen.

Habt ihr beim Singen gerade den komischen Anfang des Liedes bemerkt? Brot, das man teilt, soll sich plötzlich in Rosen verwandeln? Wie soll denn so etwas möglich sein?

Um das zu verstehen, müsst ihr die Legende vom Rosenwunder Elisabeths von Thüringen kennen. Eine Legende ist eine Geschichte über Menschen, die wirklich gelebt haben. Allerdings sind nicht alle Legenden wirklich so passiert wie sie erzählt werden. Sie zeigen aber, wie der Mensch in der Geschichte etwas Vorbildliches tut. Diese Vorbild-Geschichten sollen uns also zeigen, wie Gott möchte, dass wir als Menschen zusammenleben.

Jetzt aber zur Legende des Rosenwunders:

Elisabeth von Thüringen kam eigentlich aus Ungarn, wo sie als Tochter eines ungarischen Königs geboren wurde. Schon sehr früh in ihrem Leben wurde sie mit einem Graf in Thüringen verheiratet. Die Adligen zu Elisabeths Zeit waren es gewohnt, dass sie reich waren, Feste feiern konnten und immer mehr als genug zu essen hatten. Andererseits gab es aber auch arme Bauern, Soldaten, Arbeiter und Bettler, die nur das Nötigste zum Überleben hatten. Den meisten Adligen war das egal, oder sie machten sich keine Gedanken darüber. Elisabeth von Thüringen allerdings sah die Armut und begann zu helfen, wo sie nur konnte. Sie verschenkte Lebensmittel, besuchte Kranke und tröstete damit viele der Armen. Die Adligen konnten das nicht verstehen – und auch die Familie des Grafen machte ihrem Mann immer wieder Vorwürfe über seine verschwenderische Frau Elisabeth.

Eines Tages hörte Elisabeth von einer schwerkranken Frau und ihren Kindern. Sofort packte sie einen Korb mit Brot, um ihn der Familie zu bringen. Unterwegs begegnete sie ihrem Mann. Was sollte sie jetzt tun, würde er wütend werden oder mit ihr schimpfen, wenn er bemerkte, dass sie schon wieder mit Brot unterwegs zu den Armen war?

Als ihr Mann neben ihr sein Pferd anhielt und wissen wollte, was sie in ihrem Korb hatte, zögerte sie diesen zu öffnen. Schließlich gab sie sich einen Ruck und öffnete den Deckel. Das Einzige, was im Korb zu finden war, waren wunderschöne Rosen. So erzählt es die Legende.

Methodischer Hinweis 2:
In der Mitte liegt ein Fladenbrot und ein Strauß Rosen. Das Fladenbrot gemeinsam essen und jedes Kind kann eine Rose als Erinnerung mitnehmen.

Ob sich das Brot wirklich in Rosen verwandelt hat, wissen wir nicht, aber eine Nachricht an uns steckt in dieser Legende: Da wo wir Menschen sehen, denen es schlecht geht und wir ihnen helfen, entsteht ein Stückchen von einer Welt, wie Gott sie haben möchte.

Hanna Fischer, Bezirksjugendreferentin

Gebet:
Guter Gott, wir wollen mithelfen, die Welt so zu verändern, wie du sie gerne hättest. Wir wollen Dinge teilen mit Menschen, die arm, hungrig und durstig sind. Wir wollen Kranke besuchen und Traurige trösten. Gib du uns die Augen, die Hände und das Herz, das wir dafür brauchen.
Amen.

Wie ein Fest nach langer Trauer

EG 660   **LJ 636**   **M2 180**

Manche Leute können schon nervig sein, findet ihr nicht? Vor allem Schülerinnen und Schüler in der Schule. Ich bin Lehrerin, müsst ihr wissen. Na ja – ihr seht das ja von einer ganz anderen Seite ... Kennt ihr das umgekehrt auch? Stress mit Lehrern?

Zum Beispiel vor einiger Zeit im Musikunterricht: 5. Klasse, Tanzen. Es war ein so schöner Tanz. Der „Cancan" von Jacques Offenbach: wo man die Füße so hochwerfen muss wie die Funkenmariechen beim Fasching. Die erste Gruppe hat das auch ganz gut hingekriegt, aber die zweite ... Ein einziges Chaos von Gelächter, verknoteten Füßen, ein sich-gegenseitig-Zwicken und Schubsen, gepaart mit den unglaublichsten Verrenkungen und Grimassen – meine Geduld war am Ende. Komplett. Ich war stocksauer.

Gebet:

Herr Jesus, du weißt, dass es immer wieder Menschen gibt, die uns auf die Nerven gehen. Menschen, die uns – absichtlich oder unabsichtlich – verletzen oder ärgern. Aber wir sind oft auch keine Unschuldsengel. Bitte gib uns die Kraft und den Mut, nach einem Streit auf den Anderen zuzugehen. Gib uns die richtigen Worte, damit Versöhnung stattfinden kann. Und gib uns viel Liebe – um vergeben zu können.
Amen.

Gerade als ich ganz tief Luft holte, um meiner Entrüstung lautstark Luft zu machen und die wilde Meute zur Raison zu bringen sagte Helen, die Klassensprecherin, grinsend: „Nicht böse sein. Das wäre doch ein toller Beitrag für »Uups, die Pannenshow«, oder?" Wir mussten alle lachen und haben uns dann darauf geeinigt, eine „schöne" Version und eine „Chaosversion à la 5c" zu tanzen. Es hat riesigen Spaß gemacht.

Nic en
Jest

...als gelernt, dass oft ein kleiner, humorvoller
...reitende wieder miteinander lachen können.
...ch zu vertragen und einen Kompromiss zu fin-
...meckern oder nicht mehr miteinander zu re-
...es, dass wir die Anderen genauso lieben sollen
...e 19,18) – sogar unsere Feinde (Matth. 5,39–48).
...genseitig vergeben sollen (Lk 17,4). Das finde ich
...s immer wieder versuchen.

...tin ejw

Ausgang und Eingang

EG 175 **LJ 119** **M1 186**

Mit einem lauten Knall fällt die Türe ins Schloss. „Einfach unmöglich, das lasse ich mir nicht gefallen …", ein Wort gab das andere und jetzt erst mal nichts wie weg. Nach einem Stück des Weges kühlt sich der Kopf und das Gemüt etwas ab. Schade, einfach blöd, solch unnütze Streitereien. Und wenn ich es nicht mehr aushalte, muss ich einfach raus, ab durch die Türe. Es ist schon ein komisches Gefühl, so das Haus zu verlassen. Manchmal mache ich mir dann so meine Gedanken. Was denken sie jetzt zu Hause? Finden sie das auch blöd, so rumzustressen? Sollen wir so tun, als ob nichts gewesen wäre, wenn ich wieder komme? Genauso komisch ist das Gefühl, wenn ich nach einem solchen Streit wieder nach Hause komme. Wenn ich durch die Türe gehe ist es so, als ob der Zorn und der Knall der Türe auf mich gewartet hätten. Dabei soll es aber nicht bleiben.

In Israel haben viele Menschen ein kleines Röhrchen oder Kästchen, die Mesusa, an ihrer Türe angebracht. Darin ist ein Zettel mit Bibelworten (5. Mose 6, 4ff). Immer wenn sie die Türschwelle übertreten, berühren sie die Mesusa und lassen sich so daran erinnern, dass ihr Ausgang und Eingang, ihr Anfang und Ende in Gottes Händen liegt.

Was wäre wenn …? Was wäre, wenn wir an unserer Haustüre daran erinnert würden, dass Jesus uns liebt? Was wäre, wenn wir nicht über unsere Türschwelle gehen könnten, ohne daran zu denken, dass Gott unsere Wege sieht? Was wäre, wenn ich meine Wege immer in der Gewissheit gehen könnte, dass an meiner Tür oder an der Tür der anderen Gott schon auf mich wartet? Vermutlich würde sich manches verändern. Allein der Gedanke daran lässt mich ruhig werden, weil ich mich nach diesem Frieden und der Ruhe sehne, die mich schon an der Türe erwartet. Egal, was zuvor passiert ist, egal, wo ich hin gehe.

Gebet:
Herr Jesus
Christus, danke,
dass du mit
uns gehst.
Amen.

An ihm komme ich nicht vorbei. Er geht mit mir. Seine Worte begleiten mich beim Ausgang und Eingang. Seine Güte umgibt mich, wenn ich einen schweren Weg vor mir habe. Seine Liebe und Barmherzigkeit begleiten mich, wenn mich Frohes und Schönes erwartet. Für alles darf ich meine Hände öffnen. Alles in seine Hände legen und alles aus seinen Händen empfangen.

Ausgang und Eingang, Anfang und Ende / liegen bei dir, Herr, füll du uns die Hände.

*Friedemann Weller,
Bezirksjugendreferent*

Das wünsch ich sehr GL 117 LJ 488

„Mama, das Baby schreit ", ruft Lisa laut durch die ganze Wohnung. „Ja, ich höre es, ich komme gleich", antwortet Mama. „Warum schreit denn das Baby nun schon wieder?", fragt Lisa ein bisschen genervt. Inzwischen ist Lisas Mama zum Stubenwagen geeilt und hat das Baby, Lisas kleinen Bruder Timo, herausgehoben. „Na, das kann ganz unterschiedliche Gründe haben", sagt Mama. „Entweder Timo hat Hunger, oder er hat die Windel voll. Vielleicht hat er auch Bauchweh. Vielleicht aber, hat er sich ganz einfach nur allein gefühlt."

Lisa denkt kurz nach. Dann sagt sie altklug: „Na, aber nur wenn man alleine ist, muss man doch nicht gleich so schreien, oder?" Lisas Mama erklärt weiter: „Weißt du, für den kleinen Timo wäre es das Allerschlimmste, wenn er plötzlich allein wäre. Er kann noch gar nichts selbst, weder trinken noch essen. Timo braucht uns jetzt. Er mag nicht verlassen werden. Darum weint er so, wenn er denkt, er sei plötzlich allein gelassen worden. Mal ehrlich: du magst es doch selbst nicht, wenn der Papa und ich mal nicht bei dir sind, stimmt's?" „Hm … ja", grummelt Lisa vor sich hin. Das stimmt.

Neulich wollten ihre Mama und ihr Papa nur kurz für eine Stunde alleine einen kleinen Spaziergang machen. Lisa sollte zu Hause auf sie warten. Doch schon kurz nachdem die Haustür ins Schloss gefallen war, hatte sie ein bisschen Angst bekommen. Obwohl sie bei sich zu Hause war, hat sie sich mit einem Mal gefürchtet. „Und was hast du dann gemacht, als du Angst hattest?", fragt Mama. „Erst wollte ich laut rufen, damit jemand kommt. Aber dann dachte ich, ich bin ja kein Baby mehr", antwortet Lisa ein bisschen stolz. Mama nickt stumm. „Weil ich mich aber trotzdem fürchtete, habe ich zu Jesus gebetet." „Und was hast du zu ihm gebetet?", fragt Mama gespannt. „Na, dass er mir jetzt helfen soll. Und ich hatte danach sogar ein kleines bisschen weniger Angst", erzählt Lisa. „Das ist schön, mein Schatz. Das erinnert mich an einen Vers aus der Bibel", sagt Mama nachdenklich. „Er steht im Jesajabuch, Kapitel 41. Der Vers sagt:

»Fürchte dich nicht, denn ich bin bei dir; hab keine Angst, denn ich bin dein Gott. Ich mache dich stark, ich helfe dir, mit meiner siegreichen Hand beschütze ich dich!«"

„Weißt du Lisa, Jesus ist der beste Freund auf der Welt, den man haben kann. Er ist immer bei dir. Selbst wenn Papa oder ich mal nicht da sind. Jesus ist da und er hört dich, wenn du zu ihm betest. Du kannst ihn zwar nicht sehen, aber er ist trotzdem da. Und er beschützt dich. Wenn er da ist, brauchst du dich vor nichts und niemandem zu fürchten, weil er dich sehr lieb hat."

Lisa hat lange zugehört. Plötzlich fragt sie: „Ja aber, warum weint denn dann der Timo, wenn Jesus doch da ist? Das gilt doch auch für ihn!" „Ja, das stimmt", sagt Mama, „aber weißt du, Timo ist noch ein bisschen zu klein, um das zu verstehen. Aber wenn er größer ist, kannst du ihm ja von Jesus erzählen. Magst du das machen?" „Au ja," ruft Lisa, „das mach' ich!"

Nicole Hauser,
Jugendreferentin

Gebet:
Jesus wir danken, dass wir uns mit dir nicht mehr zu fürchten brauchen. Danke, dass du versprochen hast, bei uns zu sein. Trotzdem haben wir manchmal Angst und fürchten uns. Wir bitten dich, dass du genau dann ganz nahe bei uns bist und wir spüren können, dass du da bist und uns nicht verlässt. Danke, dass du uns lieb hast!
Amen.

Gut, dass wir einander haben F1 237

Sven ist schlechter Laune. Er wollte die Hauptrolle in dem Theaterstück, aber jetzt verpatzt er immer wieder diese Stelle. Seine Klassenkameraden kichern schon und machen sich über ihn lustig. Deshalb ist Sven echt verzweifelt. Er hat schon vor der Stelle, die er immer wieder falsch sagt, den Eindruck als würde er den ganzen Text auf einmal vergessen. Und tatsächlich: er kommt schon wieder ins Stottern. Alle lachen. Nur Sven nicht. Und Anja auch nicht. Sie ist mit ihm in dieser Szene auf der Bühne. Anja weiß, wie viel Text sich Sven merken muss. Deshalb macht sie Sven den Vorschlag, seine „Angststelle" mit ihm zu üben. Sie entdecken bald, dass sie beide gar nicht exakt den Text aufsagen müssen, sondern sich nur Stichworte merken. So kann Anja dann mit entsprechenden Bemerkungen helfen, sodass Sven weiß, wie es weitergeht. Jetzt klappt die Probe und schließlich auch die Aufführung perfekt. Sven hat es geschafft. Mit Hilfe von Anja.

Ähnliche Erlebnisse hast du auch schon gehabt. Du schaffst manches einfach nicht alleine. Mit Anderen zusammen geht Vieles besser. Davon singen wir im Lied „Gut, dass wir einander haben". Freunde zu haben, ist echt gut. Man kann sich gegenseitig erzählen und Fragen stellen über viele Dinge, über die du z. B. mit deinen Eltern nicht reden würdest. Vielleicht hast du ja tolle Freunde, mit denen es ganz gut klappt. – Es gibt einen Freund, der immer ein offenes Ohr für dich hat: Jesus Christus. Du brauchst nur mit ihm zu reden. Wir nennen das Beten. Du kannst ihm alles sagen, was dich bedrückt und traurig macht und was fröhlich und glücklich. Vielleicht merkst du dann, dass Jesus mit dir und ganz nah bei dir ist, auch wenn du ihn nicht sehen kannst. Dann klappt manches vielleicht besser. Anderes aber trotzdem nicht. Jesus ist kein „Automat", in den wir eine Bitte einwerfen und das gewünschte Ergebnis bekommen. Aber du bist nicht allein. Das verspricht er dir.

Ich wünsche dir gute Erfahrungen mit Jesus. Und ich wünsche dir Freunde, auf die du dich verlassen kannst.

Michael Püngel, Landesjugendreferent ejw

Wenn einer sagt ich mag dich du

JL 109   **LJ 624**

Nach der Schule laufen Robin und Tom zusammen nach Hause. Sie reden und lachen, über die Schule und vor allem über das Fußballspiel vom Wochenende. Da hat ihre Mannschaft gewonnen und auch Tom hat ein Tor geschossen. „So ein tolles Tor!", Robin ist begeistert, aber auch ein bisschen neidisch. „Ja!", Tom strahlt. „Aber ich hätte es nie alleine geschafft! Wenn du mir nicht den Pass zugespielt hättest, hätte ich nicht getroffen. Wir sind einfach ein tolles Team!" Robin lacht. „Stimmt. Zusammen sind wir unschlagbar!" „Ich bin froh, dass du mein bester Freund bist!", sagt Tom und boxt Robin in die Seite. Das ist ein schönes Gefühl. Wenn einer sagt: du bist mein bester Freund! Ich mag dich! Da fühlt man sich stark. Man weiß: der andere lässt mich nicht im Stich. Auf den kann ich mich verlassen.

Kennst du das? Hat auch zu dir jemand gesagt: ich mag dich? Zusammen sind wir unschlagbar? Ich kenne jemanden, der genau das zu dir sagen möchte. Gott. Er sagt zu dir, dass er dich mag. Er will dein Freund sein, in jeder Situation. Egal, ob du bei jedem Spiel ein Tor schießt, oder zu den schlechten Fußballspielern gehörst. Egal, ob du gute Noten hast oder manchmal denkst, dass du das nie schaffst. Gott ist auch egal, ob dich die anderen mögen. Er hat dich lieb. So wie du bist. Und er hilft dir, wenn du ihn brauchst. Er hat nur einen Wunsch an dich, dass er dein Freund sein darf! Schenkst du ihm deine Freundschaft?

Gebet:
Lieber Vater im Himmel, ich danke dir, dass ich auf der Welt nicht alleine bin. Danke für meine Familie. Danke für meine Freunde, mit denen ich so viele Dinge erleben kann. Am meisten aber, Vater, möchte ich dafür Danke sagen, dass du bei mir bist und mich lieb hast. Ich möchte dein Freund sein. Bitte hilf mir dabei. Amen.

*Carolin Alber,
Studentin,
Jugendkreisleiterin*

Sankt Martin   LJ 354

Elena ist aufgeregt. Seit Wochen freut sie sich auf diesen Tag. Letzte Woche haben sie in der Schule Laternen gebastelt. St.-Martins-Laternen. Heute am Martinstag soll der große Umzug stattfinden. Elena war schon einmal bei diesem Umzug, als sie noch im Kindergarten war. Doch dieses Jahr soll es noch besser werden. Elenas Lehrerin hat ihnen ein Lied über St. Martin beigebracht. Leise summt Elena vor sich hin: „St. Martin, St. Martin, St. Martin ritt durch Schnee und Wind, sein Ross das trug ihn fort geschwind ..." Dieses Lied singen heute alle Schüler der ersten Klasse beim Martinsumzug vor. Elena ist stolz, weil sie nicht mehr zu den Kleinen gehört, die nur zuschauen.

> **Methodischer Hinweis:**
> Gemeinsam mit den Kindern Beispiele überlegen, wie sie anderen Menschen helfen können.

Papa ist extra früher von der Arbeit nach Hause gekommen. Er wird Elena begleiten. Endlich wird es draußen dämmrig, Papa und Elena ziehen sich an und sagen tschüss zu Mama. Mama bleibt zu Hause, weil es später noch eine Martinsgans zum Abendessen geben soll.

Fröhlich ziehen die Kinder mit ihren Müttern und Vätern durch den Ort. Ein bunter lustiger Laternenzug. Vor der Kirche sammeln sich alle, denn jetzt kommt der aufregendste Teil. Gleich wird die Geschichte von St. Martin gespielt. Zwei große Schüler aus der fünften Klasse haben das kleine Theaterstück einstudiert.

Zuerst sieht man Uli zusammengekauert auf dem Boden sitzen. Er hat nur ein braunes T-Shirt mit Löchern und eine fransig abgeschnittene Jogginghose an. Er spielt den Bettler und wahrscheinlich friert er wirklich so wie der arme Mann in der Legende von St. Martin. Als nächstes hört man das Klappern von Pferdehufen. Lilli, die Tochter des Reitstallbesitzers, reitet als St. Martin verkleidet um die Ecke. Lillis Verkleidung besteht aus einer Rüstung aus silbern angesprühter Pappe und einem großen roten Mantel, aus einer alten Gardine. St. Martin sieht den Bettler, zieht sein Spielzeugschwert und teilt seinen Umhang mit dem Bettler. Fast wäre Lilli dabei aus dem Sattel gekippt, aber es geht noch mal gut.

Jetzt sind die Erstklässler an der Reihe und Elena singt aus voller Kehle. Als Abschluss betet Pfarrer Huber noch, dass Gott allen Menschen bewusst machen soll, dass sie wie St. Martin mit denen teilen, die Not leiden.

Auf dem Heimweg denkt Elena noch mal über die Geschichte und das, was Pfarrer Huber gesagt hat, nach. Plötzlich zupft sie ihren Vater am Ärmel und sagt: „Du Papa, wir gehen doch jetzt heim zum Martinsgans essen und Mama hat gesagt, dass die Gans mal wieder für eine ganze Menschenmenge reichen würde." Papa merkt, dass seine Tochter auf etwas Bestimmtes hinaus will und brummt nur: „Ja, das hat sie gesagt." Da lacht Elena und ruft: „Das ist ja super, dann können wir noch bei Monika aus meiner Klasse vorbeigehen und sie mit ihrem Vater zum Essen einladen. Heute Morgen hat sie mir ganz traurig erzählt, dass ihre Mutter vor ein paar Tagen ins Krankenhaus gekommen ist. Ich glaube nicht, dass die heute auch eine Martinsgans haben. Was glaubst du, was die für Augen machen wird. Das bringt sie sicher auf andere Gedanken."

Elenas Vater zögert kurz, weil er nicht weiß, wie seine Frau reagieren wird, wenn sie plötzlich mit Gästen zur Tür hereinkommen. Doch dann sagt er zu Elena: „Das ist eine Spitzenidee und ich hoffe, dass wir solche Ideen in Zukunft nicht nur am Martinstag haben."

Hanna Fischer,
Bezirksjugendreferentin

O komm du Geist der Wahrheit

EG 136 **LJ 96**

An Pfingsten feiert die Kirche Geburtstag. Damals vor etwa 2000 Jahren gab es eine große Versammlung von vielen Menschen. Sie wollten gemeinsam eine neue Kirche gründen. Aber weil sie aus ganz unterschiedlichen Ländern zusammen kamen, konnten sie sich nicht verstehen. Wie sollten sie also Gottesdienst feiern? Wie sollten sie für alle verständlich beten und miteinander reden?

Es wird berichtet, dass eine Kraft oder Macht über die Menschen kam, Gottes Geist. Und auf einmal konnten sie sich gegenseitig verstehen und miteinander reden.

So etwas bräuchten wir heute auch. Oft verstehen wir Menschen uns nicht, obwohl wir dieselbe Sprache sprechen. Wir reden aneinander vorbei, hören nicht zu oder haben nur unsere eigenen Ideen im Kopf. Da wäre es ganz praktisch, wenn Gottes Geist auch uns erreichen würde.

Aber was ist denn Gottes Geist? Wir nennen ihn auch Heiligen Geist. Einfach übersetzt, ist es die Kraft Gottes. Kein Gespenst, sondern Gottes gute Kraft, die er über uns ausschüttet. Und manchmal können wir das merken, wenn etwas besonders gut gelungen ist. Oder wenn wir mal wieder unterwegs zur Schule mit dem Fahrrad einem schlimmen Unfall entkommen sind.

Der Geist Gottes will uns Kraft zum Leben geben. Der Geist Gottes will uns verändern zu Menschen, die andere lieben können. Der Geist Gottes will uns leiten und ein gutes Gefühl für unser Leben geben.

Das wäre schon toll, wenn wir den Geist Gottes besser spüren könnten. Dann würde sich die Welt bestimmt positiv verändern und es gäbe keine Kriege mehr, keine Gewalt, keinen Neid, keinen Hass ...

Vielleicht müssen wir Gott nur mehr um seinen Heiligen Geist bitten. Mal sehen: vielleicht merken wir ja doch was von ihm. Das wünsche ich dir.

Michael Püngel,
Landesjugendreferent ejw

Gebet:
Lieber Gott.
Schade, dass wir deinen
Heiligen Geist so wenig
spüren. Komm in unser Leben.
Hilf uns einander zu verstehen und zu achten. Gib
uns Liebe ins Herz.
Amen.

Wir sind hier zusammen in Jesu Namen

JL 33.12

Methodischer Hinweis:
Stuhlkreis: Ein Bild des Jungscharankers zeigen. Frage: Was seht ihr auf dem Bild? Die Kinder antworten.

Das Bild, der Jungscharanker, ist das Zeichen der Jungschar. Drei Dinge stecken in dem Zeichen:

Das Kreuz: Am Kreuz ist Jesus gestorben. Deshalb wurde das Kreuz ein Symbol, das die Kirche verwendet. Ihr könnt es in jeder Kirche sehen.

Der Anker: Wozu ist ein Anker gut? Wenn ein Schiff am Ufer anlegen will, wird ein Anker in den Boden gerammt. So kann es nicht mehr wegtreiben, sondern bleibt fest an einer Stelle im Wasser. Ein Anker hält also Schiffe fest, wenn sie anlegen. Das heißt, mit einem Anker wird etwas festgemacht.

Zusammen mit dem Kreuz bedeutet das Zeichen, dass wir unser Leben in Jesus festmachen sollen. Ja, Jesus fordert uns auf, nach seinem Wort zu leben – wie es in der Bibel steht. Das geht am besten, wenn wir es gemeinsam tun.

Deshalb gibt es in unserem Zeichen noch den Kreis:
Der Kreis hat die gleiche Form wie unser Stuhlkreis. Wir sitzen alle zusammen im Kreis und machen gemeinsam etwas. Der Kreis bedeutet Gemeinschaft.

Der Jungscharanker drückt somit aus, dass wir hier gemeinsam in Jesu Namen zusammen sind. Dazu gibt es ein tolles Lied:

„Wir sind hier zusammen in Jesu Namen"

[Singen!]

Dass wir hier zusammen sind und von Jesus hören, ist nicht meine Idee. Diese Idee ist schon über 2000 Jahre alt. Die ersten Christen haben gemerkt, dass es sehr schwer und langweilig ist, nur alleine zu Hause über den Glauben zu reden und zu Jesus zu beten. Deshalb haben auch sie sich in einer Gemeinschaft wie unserer getroffen (Apg 2,42–47).

Ich wünsche mir, dass wir hier noch oft zusammenkommen, um unser Leben in Jesus fest zumachen.

Andy Klooz,
Jugendreferent

Gebet:
Danke Jesus, dass wir hier zusammen gekommen sind. Danke, dass du mitten unter uns bist und dass wir mit dir Gemeinschaft haben dürfen. Amen.

Wo zwei oder drei in meinem Namen ...

EG 568   **LJ 470**

Material: Analoge Uhr (Wanduhr)

Das kennen wir alle gut, wenn wir morgens zur Schule gehen, sind wir meist zu mehreren. Und in der Klasse oder auf dem Pausenhof alleine – undenkbar. Am PC oder draußen spielen geht zu zweit auch besser. Also Versammlungen von mehreren oder auch Gemeinschaft zu haben das leuchtet uns ein.

Aber was ist der Sinn einer Gemeinschaft? Ein Vorteil ist sicher, dass man zu zweit oder zu dritt mehr erreichen kann als alleine. Alleine Fußballspielen ist ätzend, aber mit zwei, drei Kumpels klappt das schon ganz gut. Es ist also einfacher, seine Ziele zu erreichen, wenn man Unterstützung hat. Auch ihr habt sicher Ziele, die ihr erreichen wollt, z. B. die Schule erfolgreich abzuschließen und einen Ausbildungsplatz oder Studienplatz zu bekommen und später genug Geld zu verdienen. Diese Ziele können wir nur selten alleine und ohne Hilfe erreichen, wenn es die Lehrer nicht gäbe, hättet ihr wohl keine Chance auf einen guten Schulabschluss – und ohne Firma, die einen später einmal einstellt sieht's auch mau aus mit Geld verdienen.

Im Glauben ist das nicht anders. Glauben alleine leben – das geht auch nicht gut und das macht auch nicht so viel Sinn. Wenn ich es alleine im Glauben versuche, wer soll mir meine Fragen beantworten, die jeder einmal hat? Wer soll mir sagen, ob ich auf dem richtigen Weg mit meinem Glauben bin, oder ob ich mir alles so auslege, dass es in mein Leben passt auch wenn überhaupt nichts mehr mit Gott zu tun hat? Und wer soll für mich beten?

Doch welche Eigenschaften müssen Menschen haben, damit eine gute Gemeinschaft entsteht? Um euch das zu erklären, habe ich eine Uhr dabei.

Jedes Mitglied einer Gemeinschaft möchte ich mit einem Zeiger vergleichen. Auf der Uhr gibt es dicke und dünne Zeiger, es gibt schwarze und rote, manche sind schnell, manche langsam. Wenn ich an die meisten Gruppen denke, ist es nicht anders. In Gruppen gibt es auch total unterschiedliche Menschen, dicke, dünne, große, kleine, sportliche und eher gemütliche, also wie bei der Uhr auch. Aber wo ist jetzt das Besondere?

Damit eine Uhr funktioniert, sind zwei Dinge entscheidend – egal, wie sie aussieht:

1.) Alle Zeiger müssen in der Achse in der Mitte zusammenhalten.

2.) Alle Zeiger müssen in die gleiche Richtung laufen.

Wie bei der Uhr diese zwei Dinge entscheidend sind für das Funktionieren, so ist es auch in der christlichen Gemeinschaft. Es ist egal, wie die Menschen aussehen oder wie intelligent sie sind. Entscheidend ist, dass alle in die gleiche Richtung ziehen, also dass alle das gleiche Interesse (den Glauben) haben und offen und ehrlich zueinander sind. Wie alle Zeiger auf der Uhr einen gemeinsamen Mittelpunkt haben, so ist es auch bei einer christlichen Gemeinschaft wichtig, dass Gott der Mittelpunkt ist, um den sich alles dreht – denn nur so kann eine gute Gemeinschaft funktionieren.

Holger Schuster,
Konstrukteur,
Mitarbeiter Konfi-Arbeit

Gebet:
Vater, ich möchte dir für unsere Gemeinschaft danken. Ich möchte dir danken, dass du jetzt mitten unter uns bist, wie es in dem Lied beschrieben ist. Schenk du, dass wir dich als Mittelpunkt in unserer Gemeinschaft haben und sich unsere Aktionen um dich drehen. Danke, dass du uns liebst und immer bei uns sein willst.
Amen.

Geh aus mein Herz   EG 503   LJ 294

Mal wieder eine schlechte Klassenarbeit bekommen, oder Ärger mit einem Freund oder einfach ein Tag, der nicht gut läuft? Was macht einem da noch Freude?

[Frage in die Runde geben]

Geht es uns da nicht eher so, dass wir uns in unser Zimmer verkriechen und von niemandem etwas wissen wollen?

Methodischer Hinweis:
Das Beste wäre es nach draußen zu gehen (oder ans Fenster). Jeder sucht sich eine Sache, die Gott für ihn geschaffen hat.

Auch Paul Gerhardt ging es so: er lebte vor 400 Jahren, der Krieg war gerade zu Ende, Erwachsene und Kinder hatten nichts zu essen und er und seine Frau hatten vier Kinder verloren. Am Liebsten hätte er sich verkrochen, doch er dichtete ein Lied, das beginnt: „Geh aus mein Herz und suche Freud ..."
Damit sagt er sich und uns ganz bewusst: „Mach Dich auf und geh aus deinem Zimmer, geh nach draußen und öffne die Augen. Schau Dir alles so an, als ob Gott es für dich alleine gemacht hätte. Gott der Schöpfer möchte Dir Freude schenken."

Der Liederdichter Paul Gerhardt nimmt sieben Strophen, um Gottes Schöpfung zu beschreiben: man könnte meinen, für jeden Tag eine. Seine Beschreibung geht von Bäumen und Blumen über Vögel, Hirsche und Rehe, selbst die Bienen vergisst er nicht.

Alle Strophen hat Paul Gerhardt unter die Überschrift gestellt: „Geh aus mein Herz".

Sabine Sommer,
Erzieherin,
Mitglied Vorstand ejw

Gebet:
Miteinander Vers 8 als Gebet lesen, singen oder spielen.

Erd und Himmel sollen singen EG 499 LJ 288

Schaut einmal aus dem Fenster – was seht ihr? Was meint ihr, woher das alles kommt, die Bäume, die Pflanzen, die Häuser, …? Und jetzt schaut euch in der Gruppe um. Ist es nicht wunderbar, wie ihr alle ausseht? Und Du selbst erst, bewunderst Du Dich nicht auch manchmal, wenn Du Dich im Spiegel betrachtest?

Gott hat uns geschaffen, in allen Details: unsere winzigen Härchen auf der Haut, unsere Muskeln und unser Knochengerüst. Aber er hat uns nicht alle gleich geschaffen – jeder von uns ist anders, anders schön – einmalig schön. Und wie Gott uns geschaffen hat, so hat er auch jedes Tier, jede Pflanze und jeden Wassertropfen geschaffen. Ist es nicht wunderbar, wie die Erde ist?

Dafür sollen und wollen wir Gott danken und ihn loben durch das Singen von Liedern. „Erd und Himmel sollen singen" ist ein solches Loblied. Es fordert uns dazu richtig auf: „Erd und Himmel", d. h. alles was auf Erden und im Himmel ist, Pflanzen, Tiere und wir Menschen, „sollen singen", um Gott zu loben. Gott ist ein so großer und guter Herrscher, dass auch Sonne und Mond sich miteinklinken in das Lob der Schöpfung – sie können gar nicht anders als mitzusingen und zu jubeln, um damit Gott zu danken. Singen wir auch mit? Loben wir auch mit? Lasst uns mitsingen, einstimmen in das Lob der gesamten Schöpfung und Gott mit diesem Lied loben und danken.

Regina Graeber,
Landesreferentin ejw,
Kantorin

Gebet:
Danke Vater im Himmel, dass du die ganze Erde so wunderbar gemacht hast. Danke, dass du mich so einmalig schön geschaffen hast. Bitte hilf uns, dass wir immer wieder einstimmen können in die Lieder, um dir dafür zu danken. Und hilf uns auch, diese wunderbare Schöpfung zu bewahren und sie nicht durch unser Handeln zu zerstören.
Amen.

Gib uns Frieden jeden Tag

EG 425   LJ 236   M1 25

Jungscharzeltlager erster Tag: Zwei Jungs in einer Zeltgruppe konnten sich nicht leiden. Sie ärgerten sich und waren schnell dabei, einander zu verprügeln. Jeden Tag kämpften die beiden Streithähne miteinander. Der Gruppenleiter fragte nach dem Grund, warum sie sich so schnell „in der Wolle" haben. Sie zuckten beide mit den Schultern. „Weiß auch nicht, warum ich den nicht leiden kann, aber er haut mich immer, wenn ich etwas sage." Der andere darauf: „Ich kann den einfach nicht leiden!"

Wie gehe ich mit anderen um, die mir nicht sympathisch sind? Muss ich mit allen auskommen?
„Gib uns Frieden jeden Tag, lass uns nicht allein", heißt es in unserem Lied. Frieden oder Schalom, wie es in der Sprache von Jesus heißt, das ist Gottes erklärter Wille für alle Menschen. Unfrieden geschieht, wenn sich Menschen zu Feinden erklären und einander bekämpfen. Gott hat uns durch Menschen Gebote und Verhaltensweisen gelehrt, die zum Frieden führen sollen. Jeden Tag in Frieden leben, das ist keinem Menschen möglich, wenn er mit Fremden zusammen leben muss. Jede und jeder ist verantwortlich für den Frieden im Zusammenleben.

Wie schaffe ich es, mit jemand im Frieden zu sein, wenn dieser das gar nicht will? In unserer anfangs berichteten Auseinandersetzung hatten wir es mit zwei Kindern zu tun, die nicht miteinander auskamen. Sie benötigten Regeln des Zusammenlebens. Ohne Regeln war immer Gewalt im Spiel.

Die erste Regel war: Wenn ihr einander anseht und wieder das Gefühl des Hasses aufkommt, wendet euch voneinander ab. Lasst einander die Freiheit und geht, wenn möglich, in entgegengesetzten Richtungen auseinander.

Am nächsten Tag saßen die beiden wieder nebeneinander beim Mittagessen. Kein Streit, keine bösen Worte. Auf die Frage des Gruppenleiters, ob die Streitfragen jetzt geklärt seien, kam die Antwort: „Wieso? Wir sind seit gestern Freunde geworden."

Sie haben einander Freiheit und Spielraum gelassen. So wie Gott den Menschen Spielraum in der Beziehung zu ihm lässt, so sollen wir untereinander täglich Frieden machen. Oft sind es nur Kleinigkeiten, die ein Zusammenleben erschweren oder gar unmöglich machen. Vielleicht hätte bei den Friedlosen, die Hass predigen, Wohnungen und Häuser anzünden, nur ein einziges Wort aus Gottes Regelwerk genügt, Menschenverachtung zu vermeiden.

In einer Fabel wird erzählt:

„Sag mir, was wiegt eine Schneeflocke?", fragte die Tannenmeise die Wildtaube. „Nicht mehr als ein Nichts", gab sie zur Antwort. „Dann muss ich dir eine wunderbare Geschichte erzählen", sagte die Meise. „Ich saß auf dem Ast einer Fichte, dicht am Stamm, als es zu schneien anfing; nicht etwa heftig im Sturmgebraus, nein, wie im Traum, lautlos und ohne Schwere. Da nichts Besseres zu tun war, zählte ich die Schneeflocken, die auf die Zweige und auf die Nadeln des Astes fielen. Genau dreimillionensiebenhunderteinundvierzigtausendneunhundertzweiundfünfzig waren es. Und als die dreimillionensiebenhunderteinundvierzigtausendneunhundertdreiundfünfzigste Flocke fiel, nicht mehr als ein Nichts, brach der Ast ab." Damit flog die Meise davon. Die Taube, seit Noahs Zeiten eine Spezialistin in dieser Frage, sagte zu sich nach kurzem Nachdenken: „Vielleicht fehlt nur eines einzelnen Menschen Stimme zum Frieden der Welt."

Ulrich Seeger,
Jugendreferent CVJM /
ejw

Gebet:
Herr, du hast uns deinen Frieden gegeben. Stärke uns dafür, dass wir ihn annehmen können. „Dass Güte und Treue einander begegnen, Gerechtigkeit und Friede sich küssen; dass Treue auf der Erde wachse und Gerechtigkeit vom Himmel schaue."
(Psalm 85,11.12)

Gott gab uns Atem

EG 432   **LJ** 242   **M1** 180

Was glaubst du, wie diese Welt, unsere Erde entstanden ist? Zufällig oder absichtlich? Am Anfang der Bibel lesen wir, wie die Menschen sich das damals vorgestellt haben: Gott hat die Welt in sieben Tagen erschaffen, eigentlich nur in sechs. Am siebten Tag hat er sich ausgeruht. So ist das bis heute: der Sonntag ist Ruhetag. Das ist auch gut so. Oder willst du sonntags auch zur Schule?

Die Bibel sagt also, dass Gott die Welt erschaffen hat. Aber da gibt es Menschen, die behaupten, das könne nicht sein. Die Welt sei nicht in sechs Tagen entstanden, sondern habe sich über Jahrmillionen entwickelt. Außerdem stehe in der Bibel gar nichts von Dinosauriern. Die hat es aber gegeben. Deshalb sei diese Geschichte in der Bibel erfunden.

Falsch! Die Bibel ist kein Lehrbuch. Sie beschreibt Erfahrungen mit Gott. Sie will uns helfen, Gott besser zu verstehen. Deshalb geht es nicht darum, zu beweisen, dass Gott die Welt in sechs Tagen erschaffen hat. Es geht darum, zu zeigen, dass Gott hinter der Schöpfung der Welt steht; dass nichts zufällig entstanden ist, sondern dass es einen Schöpfer gibt, der irgendwann einmal die Idee hatte, eine Welt zu erschaffen. Und das hat er getan.

Ich hatte mal eine Religionslehrerin, die behauptete, dass der Mensch vom Affen abstammen würde. Der ganze Schöpfungsbericht in der Bibel sei falsch. „Toll", dachte ich damals, und habe ihr ziemlich nervige Fragen gestellt. „Wo sind denn die Affen hergekommen?" – „Da gab es kleinere Lebewesen, die zuvor ganz im Wasser gelebt haben", meinte sie. „Aha", sagte ich, „und woher kamen die?" Sie erzählte etwas von sogenannten Pantoffeltierchen und Einzellern und landete schließlich beim Atom, aus dem alles entstanden sei. Ich habe sie gefragt, woher denn die Atome gekommen seien, und ihr ist der Atomknall eingefallen, den es irgendwann gegeben haben soll. „Prima", sagte ich, „und wer hat da wohl geknallt?" Jetzt war sie sprachlos.

Ja, genau darum geht es: Gott hat alles erschaffen. Und da ist es völlig egal, wie und in welcher Zeit.

Darum geht es auch in dem Lied „Gott gab uns Atem". Wenn wir glauben, dass Gott hinter allem steht, können wir echt staunen über die Natur, über Tiere, Menschen, Sterne, über das ganze Universum. Dann können wir Gott von Herzen danken und ihn loben.

Ich wünsche dir, dass du das für dich auch sagen kannst.

Michael Püngel,
Landesjugendreferent ejw

Gebet:
Lieber Gott.
Du hast die ganze Natur und alles, was lebt so wunderbar gemacht. Alles hat seine Ordnung. Ich kann nur staunen. Dafür will ich dir danken und dich loben. Lass mich deshalb deine Schöpfung nicht missachten. Schenke mir den nötigen Respekt vor Menschen, Tieren, Pflanzen und vor dir.
Amen.

Gott schuf die Sonne JL 51

Wir hatten ein Jungscharzeltlager auf der Schwäbischen Alb zum Thema Schöpfung und unser Lagerlied hieß „Gott schuf die Sonne die Sterne den Mond". Immer wenn ich an das Lied denke, oder es höre, kommen in mir Bilder vom Zeltlager hoch, und es sind gute und schöne Erinnerungen an diese Tage. Das einfache Leben im Zelt, morgens beim Aufstehen durch das vom Tau feuchte Gras laufen, zu spüren, wie die Sonne am Himmel höher steigt, an Kraft gewinnt, uns wärmt und das Frösteln vertreibt. Ein Leben unter freiem Himmel, das Leben in der freien Natur genießen.

Das Lied beschreibt in immer neuen Bildern die Schöpfung und die Elemente. Auch wenn wir vieles einfach als selbstverständlich betrachten, so ist doch alles ein geordneter Ablauf und selbst die einfachsten Dinge wie Wasser oder Sonne sind Grundvoraussetzungen für das Leben. Wie kompliziert und gleichzeitig wohl organisiert vieles ist, sehen wir oft gar nicht bewusst.

Besonders beeindruckt hat uns damals auf einer Nachtwanderung ein wunderbarer Sternenhimmel. Wir waren fasziniert von dieser Schönheit, Größe und Unendlichkeit. Niemand war und ist in der Lage, die Sterne am Himmel zu zählen. Immer wieder entdecken Wissenschaftler neue Sterne am Himmel. Und wenn ich jetzt daran denke „Gott schuf die Sterne", dann kann ich nur noch staunen darüber, wie groß Gott ist.

Unter dem weiten Sternenhimmel komme ich mir ganz klein und winzig vor und es versetzt mich immer wieder neu ins Staunen, dass Gott gerade an mir und an jedem Menschen, der auf dieser Erde lebt, so viel liegt. Gerade mit mir will er Gemeinschaft haben, mit mir will er reden, mein Freund will er sein. Und er reicht mir und Dir und jedem unter uns die Hand. Eigentlich unfassbar und doch so schön.

Deshalb dürfen wir uns in Gottes Hand geborgen fühlen und zu ihm mit allem kommen, was uns beschäftigt, Angst macht oder Freude bereitet.

Gottfried Gronbach,
Auftragssachbearbeiter Druckindustrie,
Mitglied Vorstand des ejw

Herr, ich sehe deine Welt F1 52 M1 203

Was fällt euch ein, wenn ihr dieses Bild seht?

Ob es an dieser Stelle wohl schon immer so ausgesehen hat? Wer ist bzw. war verantwortlich, dass diese Landschaft heute so aussieht?

In einem Lied erzählt der Liederdichter und Komponist Peter Strauch von unserer schönen Welt und demjenigen, der sie geschaffen hat.

[Erste Strophe des Liedes singen oder vorlesen]

Gott war es, der die Landschaft auf unserem Bild geschaffen hat. Und nicht nur diese eine Stelle, sondern die ganze Welt: das Weltall mit seinen Sternen und Planeten, unsere Erde mit all ihren Lebewesen und Pflanzen. Und diese Schöpfung weist ganz automatisch auf ihren Schöpfer, auf Gott hin. Allein durch ihre Schönheit und Vollkommenheit, wird Gott gelobt, und wir sollen uns immer wieder daran erinnern.

Im Refrain werde ich dann aufgefordert, in diesen Lobpreis einzustimmen. Ich soll es weitersagen und andere darauf aufmerksam machen: Gott war es, der die Welt erschaffen hat und bis heute erhält.

[Zweite Strophe des Liedes singen oder vorlesen]

Nicht nur die Natur lädt mich ein, Gott für seine große Tat zu danken. Ich selber bin eine fantastische Erfindung von ihm. Ein Geschöpf, das allerdings auch nicht immer das tut, was der Schöpfer von mir erwartet. Das Großartige daran ist, dass er mich nicht fallen lässt, auch wenn ich mich manchmal gegen ihn auflehne. In jeder Situation kann ich voll und ganz auf ihn zählen. Ich brauche ihm nur zu vertrauen, dass er das Beste für mich und mein Leben will. Denn er hat den Überblick, er sieht sozusagen von oben drauf und nach vorne. Dinge, die ich nicht erkennen kann, sieht er und lenkt meine Schritte, so dass ich nicht aus dem Gleichgewicht komme und zu stolpern beginne.

Ich wünsche mir, dass ihr jeden Tag neu, in der Natur, in eurer Familie und euren Mitmenschen, in euch selbst Gottes Größe erkennen könnt. Dass eure Freude darüber dann im Singen, Beten, Blasen ... deutlich wird und andere davon angesteckt und ermutigt werden.

[Dritte Strophe des Liedes singen oder vorlesen]

Albrecht Schuler,
Landesjugend-
referent ejw

Gebet:
Lieber Schöpfer dieser Welt, ich danke dir, dass du alles so schön gemacht hast, die Natur, die Menschen und mich. Lass mich nicht vergessen, dass du es bist, der mich hier auf dieser Erde leben lässt. Gib mir jeden Tag Dankbarkeit und Freude mit auf den Weg.
Amen.

Mit der Erde kannst du spielen KG 138   M2 108

Spielst du gern? Mit dem Klumpen Ton in deiner Hand kannst du das tun. Kneten und Formen, zur Kugel rollen und wieder platt machen…Unzählige Möglichkeiten. Fang an, mal sehen was daraus wird. Als Gott die Erde erschuf, muss das so ähnlich gewesen sein. Jedenfalls erzählt das die Bibel in der Schöpfungsgeschichte. Immer wieder war es der gleiche Ablauf: Gott hat gesehen wie es ist (es war finster), hatte eine Idee (dass es Tag und Nacht gibt) und dann hat er das gemacht (ein großes Licht für den Tag und ein kleines für die Nacht). Wenn er gesehen hat, dass es gut war, hat er es so gelassen. Das hört sich an, als wäre ein Künstler am Werk, als wäre es ein Spiel. So wie ihr jetzt mit dem Ton spielt und gestaltet.

Methodischer Hinweis:
Jedes Kind erhält einen Klumpen Ton, der nicht groß sein muss. Erhältlich beim Töpfer oder im Bastelgeschäft.

Als Gott am 6. Tag der Schöpfungsgeschichte den Menschen schafft, gibt er ihm den Auftrag, die Erde zu bebauen und zu bewahren. Uns Menschen hat er seine Schöpfung anvertraut, dass wir sie erhalten. Vielleicht geht das so wie in der Schöpfungsgeschichte: Anschauen, was ist, sehen was nötig ist und das dann tun – solange und sooft, bis es gut ist. Weil Gott will, dass es gut geht mit dieser Erde, den Pflanzen, Tieren und Menschen. Bist du zufrieden mit dem, was aus deinem Ton geworden ist? Der Ton wird trocknen und dann bleibt er wie er ist. Wenn du willst, behalte das Stück, mach dran weiter oder nimm es als Erinnerung an Gottes Schöpfung und seinen Auftrag an uns Menschen.

Gebet:
Gott und Vater, wir leben in deiner guten Schöpfung und wissen oft nicht, was wirklich gut ist. Wir bitten dich um Achtsamkeit, dass wir sehen und erkennen, wo wir gefragt sind.
Amen.

Michael Schradi,
Bezirksjugendreferent/
Landesreferent ejw

Wir haben Gottes Spuren festgestellt

EG 656 **LJ 642** **M1 66**

In den Geschichten aus der Bibel finden sich immer wieder die Spuren Gottes. Z. B. als Gott das Volk Israel begleitet, indem er als Wolke bzw. Feuersäule während der Wanderung durch die Wüste dabei war. Oder als er das Volk durch das Rote Meer führte. Er begleitet die Apostel auf ihren Reisen durch die Welt. Doch – wo haben wir Gottes Spuren bei uns festgestellt? Wo sehen wir in unserem Leben die Spur Gottes? Gibt es so etwas heute noch? Lasst uns überlegen, ob wir Situationen erlebt haben, in denen wir Gottes Wirken gespürt haben.

[Reaktionen und Statements der Kinder abwarten (nicht bewerten), eigenes dazulegen und erzählen]

In den Erlebnissen haben wir gesehen, dass Gott mit uns geht. Mit jedem einzelnen von uns. Er ist dabei, wenn es in der Schule richtig stressig ist, in der Jungschar zur Sache geht und auch zu Hause, wenn wir vorm Einschlafen an den Tag zurückdenken. Wenn Gott mit uns geht, und uns unterstützt, brauchen wir uns nicht vor neuen Aufgaben zu fürchten. Wir können uns auf Gott verlassen. Natürlich ist das einfacher gesagt als getan, aber wir können es ab heute probieren, mehr hinzusehen, wo Gott wirkt. – Lasst uns in der kommenden Woche etwas genauer hinsehen, genauer hinhören, wo wir Gottes Spuren entdecken. Ich bin gespannt, was wir mit Gott erleben.

Markus Strauß,
Bezirksjugendreferent

Gebet:
Guter Gott, wir danken Dir, dass Du ein Gott bist, der mit uns geht. Der uns begleitet in all den Situationen am Tag, die schön oder auch traurig sind. Danke, dass wir uns auf Dich verlassen dürfen und du uns nie alleine lässt. Wir bitten Dich, dass du jetzt bei denen bist, die dich gerade nicht spüren oder erkennen. Danke, dass Du uns so liebst, wie wir sind.
Amen.

Weißt du, wieviel Sternlein stehen?

EG 511   **LJ 305**

Oft denkt Lena zurück an ihn. Ihren Opa. Immer in den Sommerferien war sie eine Woche bei ihm. Opa hatte so verrückte Ideen. Abends, wenn es schon lange dunkel war (um die Zeit musste sie zu Hause schon längst im Bett sein), ist er mit ihr hochgestiegen auf den kleinen Hügel hinterm Haus.

Und er hat ihr die Sterne gezeigt. Erklärt, was die für Namen haben: Andromeda oder Cassiopeja oder Aldebaran. Und noch viele andere. Manchmal hat Lena versucht, die Sterne zu zählen. Aber irgendwie musste sie immer aufgeben. Je länger sie hochgekuckt hat, umso mehr sind es geworden.

Bevor sie dann vom Hügel wieder runtergeklettert sind zum Haus, hat Opa mit ihr immer dieses Lied gesungen. Das Lied mit den Sternlein. „Weißt du wieviel Sternlein stehen an dem blauen Himmelszelt ...“

Und da draußen, mitten in der Nacht, unter dem großen Sternenhimmel hat sie dann versucht, sich das vorzustellen: jeder einzelne Stern, jede Mücke, jeder Fisch – und jedes einzelne Kind, jeder einzelne Mensch ist bei Gott nicht egal. Hat bei Gott einen Namen. Ist ihm wichtig.

Letztes Jahr im Herbst ist Lenas Opa gestorben. Er hatte Krebs. Oft denkt sie an ihn. Oft auch nachts, wenn sie mal wieder nicht schlafen kann. Wegen der Mathearbeit morgen, oder weil ihre Eltern sich dauernd streiten.

Und dann schaut sie aus dem Fenster, hoch in den Himmel. Hoch zu den Sternen. Und sie muss an die Abende mit Opa denken. Auf dem kleinen Hügel. Und an dieses Lied, das sie bei ihm gelernt hat. Manchmal summt sie es vor sich hin.

„... kennt auch dich und hat dich lieb. Kennt auch dich und hat dich lieb." Und dann erinnert sie sich wieder daran. Der eine, der jeden einzelnen Stern beim Namen kennt und jede Mücke und jeden Fisch, dem ist auch sie nicht egal. Mit ihren Sorgen und Gedanken. Dem ist auch sie wichtig und wertvoll. Sie. Und Mama und Papa. Und Opa auch. Verrückt – und genial zugleich.

Anne Winter,
Landesjugendreferentin ejw

Gott, dein guter Segen   JL 15

Tobi kommt heute wieder spät von der Schule heim. Es war ein langer Tag für ihn, aber er hat noch eine wichtige Frage. Hoffentlich erlaubt sein Vater ihm das mit der Übernachtung bei Paul und Ben … Er kann es kaum erwarten, dass Papa heimkommt. Schließlich hört er das Schloss, und Papa ist da!

Schon kurze Zeit später sitzen Mama, Papa und Tobi am Tisch, und er stellt sofort die Frage: „Darf ich morgen nach der Schule bei Paul und Ben übernachten?" „Bei Paul und Ben? Den Zwillingen?", Papa denkt kurz nach, wirft Mama einen Blick zu. „Wenn Du Deine Aufgaben für übermorgen vorarbeitest – warum nicht? Meinen Segen hast Du!" „Spitze!", ruft Tobi und läuft sofort zum Telefon.

Segen ist etwas ganz Besonderes im Leben. Für Tobi bedeutet der „Segen seiner Eltern": sie stimmen seinem Wunsch zu. Wenn Christen allerdings vom Segen Gottes sprechen – wie in diesem Lied –, dann geht es nicht bloß darum, dass Menschen Gott um Zustimmung für ihre Pläne und Wünsche bitten. Gottes Segen heißt für sie: im Blickfeld Gottes leben. Gott sieht Dich. Gott behütet Dich. Er passt auf Dich auf. Gott geht im Leben mit.

Der Liedtexter hat sich viele Gedanken gemacht, womit er diesen Segen vergleichen kann, und er hat viele schöne Vergleiche dafür gefunden (Zelt, Licht, Hand des Freundes, sanfter Wind, Mantel, weiches Nest).

Welches Bild gefällt dir am besten? Möchtest du erzählen, warum?

[Erzählrunde]

Ich mag dieses Lied ganz besonders, weil es viel Geborgenheit und Sicherheit vermittelt: Wer unter Gottes Segen lebt, der ist geborgen, denn Gott geht in seinem Leben mit. Das ist das sich wiederholende Gebet am Ende jedes Refrains.

Nur in der letzten Strophe – die haben wir noch nicht gesungen – ist es anders: Der letzte Refrain endet nämlich nicht mit der Bitte um den Segen, sondern mit der Bestätigung im Herzen: „Du, Gott, segnest uns, denn der Weg ist weit!"

Andreas Niepagen,
Bezirksjugendreferent

Gebet:
6. Strophe
miteinander
laut beten

Heut war ein schöner Tag   EG 672   LJ 556

Lisa und Manuel spielen den ganzen Samstag im Garten. Die beiden Geschwister sind zehn und neun Jahre alt. Manuel, der jüngere von den beiden, klettert gerne auf Bäume, und Apfelbäume gibt es eine ganze Menge im Garten. Lisa sitzt lieber am Teich und sieht den Fischen zu oder beobachtet Libellen.

Die beiden haben ein Zelt aufgebaut, in das sie sich verkriechen und haben daraus eine Art Höhle gemacht. Außerdem ist das große Planschbecken aufgestellt, das fast bis zum Rand mit Wasser gefüllt ist. Das Wetter ist großartig. Die beiden sind froh über das Wasserbecken und hüpfen oft hinein, um sich abzukühlen. Abends sind sie echt geschafft und hundemüde. Bevor sie aber einschlafen, erzählen sie sich, was sie erlebt haben, um ja nichts zu vergessen. Dann schlafen sie zufrieden ein.

Kennst du solche Tage, an denen du Ähnliches erlebt hast? Schon prima, was wir alles erleben dürfen, was?

Ich habe mir zur Angewohnheit gemacht, abends im Bett Gott alles zu sagen, was ich erlebt habe. Da fange ich morgens an und erzähle Gott, wem ich begegnet bin, ob ich jemanden beim Streiten verletzt habe. Ich erzähle Gott alles Schöne und alles weniger Schöne. Und dann spüre ich, dass ich Gott für all das danken kann, was war. Das gibt mir ein echt zufriedenes Gefühl.

Das hat Verena übrigens auch ausprobiert. Verena ist elf Jahre alt. Vor ein paar Wochen ist ihr Opa gestorben. Da war sie sehr traurig und hat oft geweint. Aber sie hat mir berichtet, dass sie abends Gott alles gesagt hat: dass sie hofft, dass ihr Opa jetzt bei Gott ist und er keine Schmerzen mehr haben muss; dass sie sehr traurig ist; dass sie bald wieder lachen möchte, weil das ihr Opa auch immer gemacht hat. Und sie erzählte mir, dass sie das ganz ruhig und zufrieden gemacht hat; nicht sofort, aber jeden Tag mehr. Sie war sogar davon überzeugt, dass eigentlich jeder Tag ein schöner Tag war.

„Es hätte auch immer noch schlimmer kommen können!", sagte sie. „Das hat Opa auch immer gesagt."

Bei Gott ist alles gut aufgehoben, womit wir nicht fertig werden oder was uns Sorgen macht. Dann kann tatsächlich jeder Tag schön sein. Das wünsche ich dir.

Michael Püngel,
Landesjugendreferent ejw

Heute kann es regnen, stürmen oder schnein

JL 147

Der Duft von heißem Kakao, Schokokuchen und Kerzen kommt Nils in die Nase. Er ist wach, aber will noch nicht aufstehen. Heute hat er Geburtstag und da wecken Mama, Papa und seine Schwester Svea ihn mit einem Geburtstagslied. Mit zugekniffenen Augen wartet er auf das Knarren der Treppenstufen, das Zeichen, dass sie hoch in sein Zimmer kommen. Er wartet und wartet. „Mann, dauert das lange!" Nils lauscht dem Gewühle von Mama in der Küche und wie Papa versucht, Svea zu wecken: „Guten Morgen Prinzessin, komm aufstehen! Dein Bruder hat heute Geburtstag!"

Während Nils im Bett liegt und seine Augen zukneift, fängt er an, sich zu überlegen was er wohl zum Geburtstag bekommen wird. Die Piratenausrüstung? Den „Wilde Kerle-Rucksack"? Das blaue Fahrrad? Mal sehen! Oma kommt sicher wieder mit was Sinnvollem – Socken oder Schlafanzug oder so. Naja … die Geburtstagsfeier heute Nachmittag wird aber sicher cool! Sogar Marvin hat gesagt, dass er kommt – und das, obwohl er eigentlich immer Schwimmtraining hat donnerstags. „Boa, ich will jetzt endlich Geburtstag haben!", denkt Nils.

In der Küche klappert und kracht es. Das Warten kommt ihm wie eine Ewigkeit vor. So wie Mama und Papa damals auf ihn gewartet hatten, wartet er nun. Gestern hat Mama ihm nämlich seine Geburtsanzeige gezeigt: „Nach langem Warten ist er nun endlich da! Nils – ein Geschenk Gottes an uns", stand da drauf. Er war viel zu lange in Mamas Bauch gewesen, hatte sie ihm gestern erklärt. Und dann hatte er noch gefragt: „Mama? Was ist ein Geschenk Gottes?" Und so hat sie es erklärt: „Jedes Baby, das geboren wird, ist ein Geschenk, das wir von Gott kriegen. Das ist so: Zuerst freut sich natürlich die Familie ganz doll – weißt du noch wie schön das war, als Svea geboren wurde?" Ja, Nils konnte sich sehr gut daran erinnern! Dann erklärte sie weiter: „Ein bisschen ist das so, als wenn Gott mit jedem Baby ein Geschenk an die Welt macht. Weil die Babys ja groß werden und irgendwann vielleicht anfangen, andere Menschen zu beschenken mit dem, was sie machen oder was sie sagen oder wie sie sind. Und das sind dann eigentlich Geschenke von Gott – denn der Mensch kann ja nichts dafür, dass er geboren wurde."

Das verstand Nils sehr gut! Er musste sofort an Marvin denken, der einfach sein bester Freund war! Er hatte ihm zum Geburtstag mal eine Karte geschrieben auf der stand: „Wie schön, dass du geboren bist, ich hätte dich sonst sehr vermisst." Das hatte er geschrieben, weil es für Nils keinen besseren Freund gibt als Marvin. Er würde ihn wirklich vermissen wenn er nicht da wäre. Dann müsste er ja immer alleine zur Schule fahren! Aber nicht nur Marvin würde er vermissen – auch Simon und Jona. Und auch Svea und Mama und Papa. Haha! Sie ihn wohl auch, denn da standen sie um sein Bett und sangen aus vollem Herzen: „Wie schön dass du geboren bist, wir hätten dich sonst sehr vermisst!"

Fine Dücker,
Landesjugend-
referentin ejw

Vergiss es nie / Du bist du

JL 122   **F1 231**   **M2 9**

„Vergiss nicht mir zu schreiben!"

„Vergiss nicht, dass du morgen Klavierunterricht hast."

„Vergesst nicht, dass wir morgen Wandertag haben."

Methodischer Hinweis:
Taschentuch mitbringen, um einen Knoten zu machen. Sich was auf die Hand schreiben, im Hintergrund leise das Lied mitlaufen lassen, Postkarte mit Liedtext als Erinnerung schenken.

Solche Sätze hören wir täglich. „Vergiss nicht ..." Ja ja, ich werd´s schon nicht vergessen – denken wir dann oft. Manche sind dann doch vergesslich und machen sich deshalb z. B. einen Knoten ins Taschentuch oder kleben eine Haftnotiz an den Spiegel oder schreiben sich einen Hinweis auf die Hand.

Bei den „Vergiss-nicht-Sätzen" handelt es sich meist um Dinge oder Aktionen, die wir nicht vergessen sollen. Aber manchmal vergessen wir darüber vielleicht uns selbst. Das ist nicht gut! Wir sind wichtig. Jede und jeder unter uns ist wichtig; jede und jeder ist ein besonderer Gedanke Gottes. Und jeder Gedanke Gottes ist anders, speziell und für sich wunderbar gemacht! Und das ist gut so: keine und keiner ist gleich wie jemand anders! Der eine hat die Gabe, gut Musik zu machen, die andere kann gut lesen, der eine kann vielleicht super gut rechnen, die andere ist ein Ass im Sport.

Und es ist egal, wie jemand aussieht, es ist egal ob du groß, klein, dick, dünn bist, ob du reich oder arm bist, ob du traurig bist oder super gut gelaunt, ob du Markenklamotten trägst oder die Aldi-Jeans deiner Geschwister auftragen musst: wir sind alle Gedanken Gottes, wir sind gewollt, so wie wir sind! Ist das nicht toll? Sei einfach du – du bist so, wie du bist, wunderbar gemacht! Vergiss das nie!

Brigitte Dill,
Landesreferentin ejw

Gebet:
Lieber Vater,
bitte lass uns spüren, dass
wir alle gewollt sind und geliebt
sind von dir. Lass uns niemanden
ausgrenzen. Bitte tröste uns auch,
wenn wir mal traurig sind, damit
wir wieder fröhlich werden und
nicht vergessen, dass wir
alle wichtig sind!
Amen.

Kommt der Tod ins Nachbarhaus

Vorbemerkung: Sterben und Tod sind Themen, die in der Arbeit mit Kindern oft beiseite geschoben werden. Wahrscheinlich weil wir selbst viel Unsicherheit oder Schmerz mit diesen Themen verbinden. Trotzdem sind diese Themen wichtig. Vor allem, wenn sie durch ein konkretes Ereignis in die Gruppe getragen werden. Es gibt gute Kinder- und Bilderbücher zum Thema Sterben, Tod und Ewiges Leben.

Methodischer Hinweis:
Gespräch mit Kindern über eigene Erlebnisse mit dem Thema Tod/Ewiges Leben. Gruppen-Abschieds-ritual (z. B. Wunderkerzen oder eine normale Kerze anzünden und an den Verstorbenen denken, Gruppenbesuch am Grab, Lieblingslieder des Verstorbenen singen, Erinnerungskiste bauen)

Eine gute Zusammenstellung findet sich in der Broschüre „Wie Kinder trauern", die beim Diakonischen Werk in Württemberg bestellt werden kann.

Mara sitzt in ihrem Zimmer auf dem Bett. Draußen scheint die Sonne, aber sie will nicht hinausgehen. In der Ecke des Kinderzimmers liegen die neuen Spielsachen, aber sie hat keine Lust zu spielen. Sie versucht in dem spannenden Kinderkrimi zu lesen, aber ihre Gedanken schweifen immer wieder ab.

Als Mara vorhin aus der Schule kam, hat ihr Mama erzählt, dass vergangene Nacht Herr Huschka von nebenan gestorben ist. Mara wusste ein wenig, was das bedeutet. Letztes Jahr war ihr Kaninchen Schnuffel gestorben. Ganz still lag es eines Morgens in seinem Käfig. Sie hatten einen Karton mit einem weißen Tuch ausgeschlagen und Schnuffel hineingelegt. Dann hatten sie ihn im Garten unter einem blühenden Strauch begraben. Mara war sehr traurig, weil sie nicht mehr mit ihm spielen konnte. An manchen Tagen ging sie immer noch zu Schnuffels Grab.

Natürlich war das mit Herrn Huschka noch mal eine andere Sache. Mit ihm war Mara stundenlang zusammen gewesen. Oft saßen sie im Garten und unterhielten sich bei einem Glas Zitronenlimo. Sie hatten gelacht, den Garten bepflanzt und Hausaufgaben gemacht. Mara durfte sogar Opa Fritz zu ihm sagen, obwohl er gar nicht ihr richtiger Opa war.

Als Mama ihr vorhin in der Küche sagte, dass Opa Fritz gestorben ist, konnte Mara es gar nicht richtig glauben. Dann war sie wütend geworden und sagte zu ihrer Mama: „Das geht doch nicht, man kann mir doch nicht einfach den Opa Fritz wegnehmen." Mama hatte sie nur in den Arm genommen und gar nichts gesagt. Dann waren Mara die Tränen gekommen und Mama hatte gesagt: „Wein dich richtig aus, das ist gut so und hilft. Wenn jemand stirbt ist es ganz normal, dass man wütend wird, Angst bekommt oder weinen muss." Nach einer Weile konnte Mara dann aufhören zu weinen. Mama hatte Mara so gut sie konnte erklärt, was mit Opa Fritz geschehen würde. Mara wusste, dass er in einem Sarg lag und es eine Beerdigung auf dem Friedhof geben würde. Mama hatte ihr auch gesagt, dass sie fest daran glaubt, dass Opa Fritz zwar tot ist, aber dass es ein Leben nach dem Tod gibt. Christen nennen es Ewiges Leben. Niemand weiß, wie das genau sein wird, aber in der Bibel wird es als ein Ort beschrieben an dem niemand mehr zu weinen braucht und wo es keinen Streit mehr gibt. Das hat Mara ein wenig getröstet. Sie hat sich fest vorgenommen, mit zur Beerdigung zu gehen. Sie will doch Opa Fritz „Auf Wiedersehen" sagen. Mama hat ihr versprochen, später mit ihr zum Grab zu gehen, so wie Mara immer wieder zu Schnuffels Grab im Garten geht.

Morgen wird Mama dann eine Erinnerungskiste mit Mara basteln. In dieses Schatzkästchen sollen dann alle Erinnerungen, die Mara an Opa Fritz hat, hineingelegt werden. Der flache Kieselstein, den sie gemeinsam aus dem Bach geholt haben, das Lied, das Opa Fritz bei der Gartenarbeit pfiff und natürlich die kleine Weidenpfeife, die Opa Fritz für Mara geschnitzt hat. Mara sitzt immer noch auf ihrem Bett und ist immer noch traurig, aber so schlimm wie vorhin ist es schon nicht mehr.

Hanna Fischer,
Bezirksjugendreferentin

Oh when the Saints JL 79   M1 117

„Oh, when the Saints go marching in" – das fetzt, das groovt! Ein richtiger Party-Knaller, je lauter desto besser! Kaum zu glauben, dass ausgerechnet dieses Lied in der Gegend um New Orleans (USA) öfters mal bei Beerdigungen erklingt. Falls du schon einmal bei einer Beerdigung warst, wirst du jetzt vielleicht sagen: „Was? Dieses Lied? Das passt doch gar nicht!"

Würde z. B. ein Posaunenchor eine Beerdigung mit „Oh, when the Saints" beginnen, bliebe zu befürchten, dass die Musiker den Friedhof verlassen müssten. Aber man muss den Liedtext genauer unter die Lupe nehmen, um herauszufinden, was das Lied auf einem Friedhof zu suchen hat.

Da heißt es: „... und wenn die Heiligen auferstehen ...". Auferstehen, das kann man nur, wenn man vorher gestorben ist. Jesus hat uns das vorgemacht. Wir feiern am Ostersonntag, dass er nicht im Grab geblieben ist, sondern den schweren Stein vor der Grabhöhle wegrollte, um nun mitten im Leben zu sein.

Er ist bei uns, wenn wir beten, singen, musizieren, in der Jungschar zusammenkommen; er geht mit zum Fußballplatz und in die Schule, ins Schwimmbad, ins Kino und in unsere Familien. Das tut er, weil wir ihm wichtig sind. Und er möchte, dass wir ihm vertrauen. Er möchte, dass wir ihn überallhin mitnehmen.

Aber das Beste ist, dass Jesus uns alle einladen will. Irgendwann wird er für alle sichtbar zurückkommen und dann gibt's eine richtige Fete. Der Lieddichter von „Oh, when the Saints" wünscht sich nichts sehnlicher, als dann mit Jesus und mit allen Heiligen zu feiern.

Die „Heiligen", das sind wir: du und ich, die Klassenkameraden und die Leute vom Sportverein, alle Freunde, aber auch alle, mit denen wir nicht so gut auskommen. Jesus will uns alle dabei haben bei seiner Party. Und weil er unheimlich gerne feiert, freut er sich über jedes

Lächeln, das wir einem anderen schenken, über ein nettes Wort zu unserem Nachbarn, über die Hilfe einer alten Dame, wenn wir ihr die schweren Taschen tragen ... Es gibt so viele kleine Dinge, die unseren Alltag zu einem Festtag werden lassen – probieren wir es doch gleich einmal aus.

„Oh, when the Saints" passt nicht zu einer Beerdigung?
Oh doch, und wie!

Martin Waldvogel, Volker Süssmuth, Markus Bräuninger, Kathy Williams, Marion Mees,
Jungbläserleiter

Swing Low   M1 31

Das Lied „Swing Low" ist ein sehr altes Lied. Es entstand vor langer Zeit in Amerika. Bekannt ist, dass es von schwarzen Sklaven stammt. Habt ihr schon einmal etwas über Sklaverei gehört? Wie ist das wenn jemand Sklave ist?

[Kinder sammeln lassen, was sie wissen und evtl. ergänzen: gefangen, in ein fremdes Land gebracht, getrennt werden von der Familie, arbeiten bis zur völligen Erschöpfung, schlechte Unterkunft, wenig zu essen und trinken, keine Rechte haben, jemand anderem gehören wie eine Sache, gefesselt oder angekettet sein, geschlagen werden ...]

Den Sklaven ging es teilweise sehr schlecht und so suchten sie Trost bei Liedern, die sie selbst dichteten. Die meisten der Lieder handelten von einem Land der Freiheit, denn das wünschten sie sich am meisten. Endlich fliehen können in ein Land, in dem Gerechtigkeit statt Unterdrückung herrscht. Diese Lieder sind heute bekannt als Spirituals.

Natürlich konnten sie diesen Wunsch nach Freiheit nicht einfach so heraus singen, da die Besitzer der Sklaven immer damit rechneten, dass jemand fliehen würde. Deshalb waren viele Spirituals mit einer Art Geheimbedeutung geschrieben. In erster Linie waren es Lieder, mit christlichen Inhalten, aber dahinter versteckte sich eine zweite Bedeutung. Ich kann euch das mit dem Lied „Swing Low" erklären.

Wenn man den Refrain des Liedes übersetzt, heißt er:
„Schaukle sanft, liebliche Kutsche, du kommst, um mich nach Hause zu bringen."

Zuerst erinnert das Bild an die Geschichte der Bibel, in welcher der Prophet Elia mit einem Feuerwagen in den Himmel fährt, aber verschlüsselt kann die Kutsche auch für einen Karren stehen, bei dem man hinten aufspringt und mitfährt.

Der erste Vers heißt:

„Ich schaute über den Jordan und was sah ich? Eine Engelschar näherte sich mir. Sie kamen um mich nach Hause zu holen."

Wieder träumen die Sänger von einem Land, wo sie zu Hause sein können. Die Engelschar hat einmal die Bedeutung von Boten Gottes, die Sänger in den Himmel begleitend oder von Fluchthelfern, die fliehenden Sklaven sicher in den freien Teil Amerikas jenseits des Flusses Ohio bringend.

Die Übersetzung des zweiten Verses lautet:

„Solltest du vor mir dort ankommen, erzähl allen Freunden, dass ich auch komme. Komm und bring mich nach Hause."

Ganz egal ob man unterwegs ist in den Himmel oder auf der Flucht in eine neue Zukunft, alle Freunde sollen wissen, dass man unterwegs ist.

Der dritte Vers geht nochmal auf das Hauptthema ein:

„Manchmal geht es mir gut, manchmal schlecht, aber ich fühle, dass ich auf dem Weg in den Himmel bin. Komm und bring mich nach Hause."

Hier hört man nochmals deutlich den Wunsch, ja die Sehnsucht, endlich frei zu sein und die Ketten zu sprengen.

Den schwarzen Sklaven in Amerika waren beide Bedeutungen des Liedes sehr wichtig. Die eine, um Hoffnung für ihr jetziges Leben zu haben, die andere, um Hoffnung zu haben, die über den Tod hinausgeht.

Hanna Fischer,
Bezirksjugendreferentin

Gebet:
Vater im Himmel,
auch heute gibt es noch Menschen die unter Unterdrückung, Not und Gefangenschaft leiden. Wir bitten dich, diesen Menschen Hoffnung zu geben.
Amen.

Liedverzeichnis (alphabetisch)

Lied	Liederbuch			Seite
A				
All Morgen ist ganz frisch und neu	EG 440	LJ 249		36
Ausgang und Eingang	EG 175	LJ 119	M1 186	144
B				
Befiehl du deine Wege	EG 361	LJ 207		108
Bewahre uns Gott	EG 171	LJ 117	M1 20	90
C				
Christ ist erstanden	EG 99	LJ 76		28
D				
Dank sei dir, ja Dank sei dir	JL 4	M2 59		72
Danke für diesen guten Morgen	EG 334	LJ 193	M1 57	74
Das Licht einer Kerze	LJ 316			13
Das wünsch ich sehr	GK 117	LJ 488		146
Dein Wort (Thy word)	F2 115	M2 171		68
Der Herr ist auferstanden	EG 118	LJ 90		30
Der Herr segne dich	EG 563	LJ 362	M2 42	95
Der Mond ist aufgegangen	EG 482	LJ 276	M1 187	44
Der Tag, mein Gott, ist nun vergangen	EG 266	LJ 153		46
Du bist der Weg und die Wahrheit ...	EG 619	F1 160	M2 106	110
E				
Ein Licht geht uns auf	EG 555	LJ 344		112
Ein neuer Tag beginnt	JL 34	M1 15		38
Erd und Himmel sollen singen	EG 499	LJ 288		159
F				
Freu dich Erd und Sternenzelt	EG 47			14
Friede mit euch	F1 252			98

G

Geh aus mein Herz	EG 503	LJ 294		158
Geh unter der Gnade	EG 543	F1 254	M2 144	96
Gelobt sei Gott im höchsten Thron	EG 103	LJ 80		32
Gib uns Frieden jeden Tag	EG 425	LJ 236	M1 25	160
Gott gab uns Atem	EG 432	LJ 242	M1 180	162
Gott liebt diese Welt	EG 409	LJ 227		124
Gott schuf die Sonne	JL 51			164
Gott, dein guter Segen	JL 15			172
Groß ist unser Gott	F1 31			50
Großer Gott, wir loben dich	EG 331	M2 199		52
Gut, dass wir einander haben	F1 237			148

H

Hab Dank von Herzen, Herr	F1 54			76
Halte zu mir, guter Gott	LJ 549	JL 35		114
He's got the whole world	JL 76	LJ 517	M1 188	126
Herr bleibe bei uns	EG 483	LJ 278	M1 76	48
Herr, das Licht deiner Liebe – Shine Jesus shine	F1 89			116
Herr, ich sehe deine Welt	F1 52	M1 203		166
Heut war ein schöner Tag	EG 672	LJ 556		174
Heute kann es regnen, stürmen oder schnein	JL 147			176

I

Ich lobe meinen Gott	EG 272	LJ 160	M1 206	54
Ich singe dir mit Herz und Mund	EG 324	LJ 186		58
In der Stille angekommen	F2 189	WW 60		78

J

Jesu geh voran auf der Lebensbahn	EG 391	LJ 221		120
Jesus zieht in Jerusalem ein	EG 314	LJ 173		24
Jesus, zu dir kann ich so kommen, wie ich bin	F1 82			118

Liedverzeichnis (alphabetisch)

Lied	Liederbuch			Seite
K				
Komm Herr segne uns	EG 170	LJ 116	M1 80	94
Komm, sag es allen weiter	EG 225	LJ 142	M1 77	138
Kommt atmet auf	EG 639	FJ 173		122
Kommt der Tod ins Nachbarhaus	KG 82			180
Korn, das in die Erde	EG 98	LJ 74		26
L				
Leben aus der Quelle	F1 86			56
Lieber Gott, schick uns deine Engel	KG 115			92
Lobe den Herren, den mächtigen König	EG 316	LJ 178		60
Lobe den Herrn meine Seele	F1 6			62
Lobet den Herren, alle, die ihn ehren	EG 447	LJ 258		64
M				
Macht hoch die Tür	EG 1	LJ 12		8
Mein Gott ist spitze	JL 107			132
Meinem Gott gehört die Welt	EG 408	LJ 226		129
Mit der Erde kannst du spielen	KG 138	M2 108		168
Mögen sich die Wege	WW 71			102
Morgenlicht leuchtet	EG 455	LJ 226		40
N				
Neue Schritte wagen	F1 202			130
Nun danket alle Gott	EG 321	LJ 182		82
O				
O du fröhliche	EG 44	LJ 45		18
O komm du Geist der Wahrheit	EG 136	LJ 96		152
Oh when the Saints	JL 79	M1 117		182

S

Sankt Martin	LJ 354			150
Seid fröhlich in der Hoffnung	F1 131			80
Shalom, shalom, der Herr segne euch	F1 248			100
Sing mit mir ein Halleluja	JL 18			71
Stern über Bethlehem	EG 540	LJ 326		22
Stille vor dir mein Vater	F2 97			66
Swing low	M1 31			184

T

Tragt in die Welt nun ein Licht	LJ 327		10

U

Unser Vater	JL 28	F2 191	M2 194	88

V

Vater ich komme jetzt zu dir	F1 90			134
Vergiss es nie / Du bist du	JL 122	F1 231	M2 9	178
Vergiss nicht zu danken dem ewigen ...	EG 608	LJ 618		84
Viele kleine Leute	EG 662	LJ 620		104
Vom Aufgang der Sonne	EG 456	LJ 268	M1 22	42
Vom Himmel hoch	EG 24	LJ 32		16
Von guten Mächten	M1 144	EG 541/65		106

W

Weißt du, wieviel Sternlein stehen?	EG 511	LJ 305		170
Wenn das Brot, das wir teilen	GK 81	WW 86		140
Wenn die Last der Welt	EG 618	F2 167	M2 186	86
Wenn einer sagt ich mag dich du	JL 109	LJ 624		149
Wie ein Fest nach langer Trauer	EG 660	LJ 636	M2 180	142
Wir haben Gottes Spuren festgestellt	EG 656	LJ 642	M1 66	169
Wir sind hier zusammen in Jesu Namen	JL 33.12			154
Wo ein Mensch Vertrauen gibt	EG 638	LJ 651	M1 204	136
Wo zwei oder drei in meinem Namen ...	EG 568	LJ 470		156

Z

Zumba, Zumba	JL 133	LJ 330	20

Verzeichnis der Liederbücher

EG	**Evangelisches Gesangbuch** (Regionalteil Württemberg) Gesangbuchverlag Stuttgart GmbH, Stuttgart
F1	**Feiert Jesus 1** Hänssler Verlag, Holzgerlingen
F2	**Feiert Jesus 2** Hänssler Verlag, Holzgerlingen
GL	**Gotteslob** Schwabenverlag AG, Ostfildern
JL	**Jungscharlieder** Mundorgel Verlag GmbH, Köln/Waldbröl
KG	**Das Kindergesangbuch** Claudius Verlag, München
LJ	**Liederbuch für die Jugend** Gütersloher Verlagshaus GmbH, Gütersloh
M1	**Music Box 1** buch+musik, ejw-service gmbh, Stuttgart
M2	**Music Box 2** buch+musik, ejw-service gmbh, Stuttgart
WW	**Wo wir dich loben, wachsen neue Lieder** Strube Verlag GmbH, München

Alle Liederbücher zu beziehen bei:

buch+musik, ejw-service gmbh
Haeberlinstraße 1–3, 70563 Stuttgart-Vaihingen
Tel: 07 11 / 97 81-410, Fax: 07 11 / 97 81-413
buchhandlung@ejw-buch.de, www.ejw-buch.de

Herausgeber

Michael Püngel

– geboren 1959, verheiratet, zwei Kinder, Jugendreferent, Sozialpädagoge, Diakon

– seit 1991 Landesjugendreferent für Posaunenarbeit im ejw (Evangelisches Jugendwerk in Württemberg)

„Was mich heute bewegt, im ejw zu arbeiten: solange ich junge Menschen für das Evangelium und Jesus Christus gewinne, werde ich mich mittels Posaunenarbeit dafür einsetzen."

Hanna Fischer

– geboren 1968, Hauswirtschafterin, Jugend- und Heimerzieherin, Diakonin

– seit 2002 Bezirksjugendreferentin im Dekanat Aalen

„Es ist ein großes Geschenk, Kinder und Jugendliche auf ihrem Lebens- und Glaubensweg begleiten zu können."